# EV YAPIMI SUŞİ KİTABI 2022

SUŞİ YAPMANIN 100 LEZZETLİ VE KOLAY YOLU

MUTLU YAZICI

## Tüm hakları Saklıdır.

### sorumluluk reddi

Bu eKitapta yer alan bilgiler, bu eKitabın yazarının hakkında araştırma yaptığı kapsamlı bir stratejiler koleksiyonu olarak hizmet etmek içindir. Özetler, stratejiler, ipuçları ve püf noktaları yalnızca yazar tarafından tavsiye edilir ve bu e-Kitabı okumak kişinin sonuçlarının yazarın sonuçlarını tam olarak yansıtacağını garanti etmez. E-Kitabın yazarı, eKitabın okuyucularına güncel ve doğru bilgiler sağlamak için tüm makul çabayı göstermiştir. Yazar ve ortakları, bulunabilecek herhangi bir kasıtsız hata veya eksiklikten sorumlu tutulamaz. E-Kitaptaki materyal üçüncü şahısların bilgilerini içerebilir. Üçüncü taraf materyalleri, sahipleri tarafından ifade edilen görüşlerden oluşur. Bu nedenle, e-Kitabın yazarı herhangi bir üçüncü taraf materyali veya görüşü için sorumluluk veya yükümlülük üstlenmez.

E-Kitabın telif hakkı © 2022'ye aittir ve tüm hakları saklıdır. Bu e-Kitabın tamamını veya bir kısmını yeniden dağıtmak, kopyalamak veya türev çalışmalar oluşturmak yasa dışıdır. Bu raporun hiçbir bölümü, yazarın yazılı ve imzalı izni olmadan herhangi bir biçimde çoğaltılamaz veya yeniden iletilemez veya herhangi bir biçimde yeniden iletilemez.

# İÇİNDEKİLER

İÇİNDEKİLER ................................................................. 4
GİRİİŞ ............................................................................. 8
**KLASİK JAPON SUŞİ** ................................................. 10
   1. Makizuşi ................................................................ 11
   2. Hoşomaki ............................................................... 16
   3. Chumaki ................................................................. 20
   4. Futomaki ................................................................ 24
   5. Uramaki ................................................................. 29
   6. Temaki ................................................................... 33
   7. Çakınzuşi ............................................................... 37
   8. Hamagarizushi ....................................................... 40
   9. Nigirizushi ............................................................. 43
   10. Günkan Maki ....................................................... 47
**AMERİKAN SUŞİ** ...................................................... 50
   11. Kaliforniya Rulosu ............................................... 51
   12. Karides Tempura Rulo .......................................... 54
   13. Ejderha Rulo ........................................................ 58
   14. Tırtıl Rulo ............................................................ 62
   15. Gökkuşağı Rulosu ................................................ 66
   16. Philadelphia Rulosu ............................................. 69
   17. Sebzeli Rulo ......................................................... 72
   18. Çiçeği Rulo .......................................................... 76
   19. Mango Rulo ......................................................... 79
   20. Jumbo Örümcek Rulo ........................................... 82
   21. Dinamit Rulo ....................................................... 85
   22. Volkan Rulo ......................................................... 88

23. Alaska rulo..................................................92
24. kuşkonmaz rulo...........................................95
25. boston rulo..................................................99
26. çıtır rulo....................................................103
27. Hawaii rulo................................................107
28. Las Vegas rulosu.......................................112
29. Aslan Kral Rulosu.....................................115
30. istakoz rulo...............................................120
31. Oshinko rulo.............................................123
32. Seattle rulosu............................................127
33. Cilt rulosu.................................................130
34. Kar...........................................................134
35. Sörf ve Çim rulo.......................................140
36. Tempura rulo............................................143
37. Teksas rulosu............................................147
38. Kaplan rulosu...........................................150
39. Unagi rulo................................................160
40. sarı kuyruklu rulo.....................................163

# VEGAN SUŞİ..................................................166

41. Vegan dinamit ruloları.............................167
42. Avokado Salatalık Suşi Rulo....................172
43. Shiitake mantarlı rulo...............................176
44. Baharatlı "ton balığı" doldurma Suşi.......180
45. Havuç lox ve avokado suşi......................183
46. Kahverengi Pirinç Sebzeli Rulo...............187
47. Vegan tarak rulo......................................190
48. Çıtır enoki mantarlı rulo.........................194

# SUŞI KASELERİ..............................................200

49. Altın ve Gümüş Suşi Kaseleri..................201
50. Turuncu Suşi Bardakları..........................204
51. Susamlı Ton Balığı Sushi Kasesi..............207
52. Kızartma Suşi Kasesi...............................210

53. Yumurta, Peynir ve Yeşil Fasulye Suşi Kasesi..........213
54. Tarak ve Kuşkonmaz Suşi Kasesi............................216
55. Baharatlı Istakoz Suşi Kasesi..................................219
56. Jambon ve Şeftali Suşi Kasesi.................................222
57. Mangalda Kısa Kaburga Suşi Kasesi.......................225
58. Dinamit Tarak Suşi Kasesi.......................................229
59. Ratatouille Suşi Kasesi............................................232
60. Gevrek Kızarmış Tofu Suşi Kasesi..........................235
61. Taze Somon ve Avokado Suşi Kasesi.....................239

## PRESLİ, GÜNKAN VE NİGİRİ SUŞİ..........242

62. Sırlı Patlıcan Suşi....................................................243
63. Tuna Tataki Nigiri....................................................246
64. Arktik Char Nigiri....................................................249
65. Spam Musubi.........................................................252
66. Avokado ve Nar Nigiri............................................255
67. Shiitake Nigiri.........................................................258
68. Somon, Peynir ve Salatalık Yığınları.....................261
69. Japon Omleti Suşi Tamago Nigiri..........................265
70. Masago Günkan.....................................................268
71. Sardalya Nigiri........................................................271
72. Füme Ördek Nigiri..................................................274
73. Acılı Yumurta ve Avokado Gunkan.......................277
74. Beyaz Ton Balığı Nigiri..........................................280
75. Füme Tofu Nigiri....................................................283
76. Sarımsak Kurutulmuş Tarak Nigiri.......................287

## SUŞİ BÖLÜMLERİ (TEMAKİ)..........290

77. Baharatlı Kalamar El Ruloları...............................291
78. Kızarmış Yayın Balığı El Ruloları..........................295
79. Sebze Tempura El Ruloları...................................298
80. Çıtır Tavuk Derisi El Ruloları................................302
81. Sırlı Pastırma El Ruloları......................................306
82. Uskumru Salatalık El Ruloları..............................309

83. Kale Cips El Ruloları ............................................. 312
84. Arctic Char El Ruloları ......................................... 316
85. Taze Ton Balığı El Böreği ..................................... 319
86. Kimchee, Domates ve Hamsi El Ruloları ................. 322
87. Taze Sebzeli El Böreği .......................................... 325
88. Hindistan Cevizi Karides El Ruloları ..................... 328
89. Izgara Tarak El Ruloları ....................................... 332

## SASHIMI ...............................................................335

90. tarak carpaccio ................................................... 336
91. Tatlı Karides Sashimi ........................................... 339
92. poke üçlüsü ........................................................ 342
93. Limonlu ve Matcha Tuzlu Halibut ......................... 345
94. Dana Tataki Tabağı .............................................. 348
95. Jalapeno Granita ile Tuna Sashimi ........................ 352
96. kavun sashimi ..................................................... 355
97. Tilapia ve Karides Ceviche Sashimi ....................... 358
98. Heirloom Domates Sashimi .................................. 361
99. Kağıt İnce Tilapia Sashimi .................................... 364
100. Ton balığı ve Avokado Tartar .............................. 367

## ÇÖZÜM ................................................................370

# GİRİİŞ

Suşi, genellikle çiğ deniz ürünleri ve sebzeler gibi çeşitli malzemelerin eşlik ettiği, genellikle biraz şeker ve tuzla hazırlanmış sirkeli pirinçten oluşan geleneksel bir Japon yemeğidir. Suşi stilleri ve sunumu çok çeşitlidir, ancak bir anahtar bileşen, aynı zamanda shari veya sumeshi olarak da adlandırılan "suşi pirinci" dir.

Suşi geleneksel olarak orta taneli beyaz pirinçle yapılır, ancak kahverengi pirinç veya kısa taneli pirinç ile hazırlanabilir. Genellikle kalamar, yılan balığı, sarıkuyruk, somon, ton balığı veya taklit yengeç eti gibi deniz ürünleri ile hazırlanır. Birçok suşi türü vejeteryandır. Genellikle zencefil turşusu (gari), wasabi ve soya sosu ile servis edilir. Daikon turp veya salamura daikon (takuan), yemek için popüler garnitürlerdir.

Yemek olarak suşi geleneksel bir kavram değildir. Ancak, evde harika suşi hazırlamak için zaman ayıracaksanız, büyük olasılıkla tam bir deneyim yaşamak isteyeceksiniz. Bir suşi yemeği zevkinize, bütçenize veya elinizdeki zamana göre kolayca planlanabilir.

# KLASİK JAPON SUŞİ

## 1. Makizuşi

## İçindekiler

Suşi pirinci:

- 2 adet pirinç pişirici fincan Japon kısa taneli pirinç
- 2 inçlik kombu (kurutulmuş yosun)
- 4 yemek kaşığı pirinç sirkesi
- 2 yemek kaşığı şeker
- 1 yemek kaşığı tuz (koşer veya deniz tuzu; sofra tuzu kullanıyorsanız yarısını kullanın)
- su

Hoşomaki:

- 1 İran/Japon salatalık
- 6.8 Oz. sashimi dereceli ton balığı
- 1 kutu natto (fermente soya fasulyesi)
- 5 yaprak nori (deniz yosunu)
- Soya sosu
- Wasabi (isteğe bağlı)
- Suşi zencefil (isteğe bağlı)

Tezu (sirkeli elle daldırılmış su):

- $\frac{1}{4}$ su bardağı su
- 1 yemek kaşığı pirinç sirkesi

**Talimatlar**

1. Mümkün olduğu kadar fazla nişasta elde etmek için pirinci birkaç kez durulayın ve ardından en az yarım saat suda bekletin. Yüzeydeki beyaz tozlu malzemeyi çıkarmamaya dikkat ederek Kombu'yu yumuşak bir şekilde silmek için ıslak bir bez kullanın.

2. Pirinci, gerekli su miktarını ekleyerek bir pilav pişiricisinde pişirin (makinenizin üzerindeki işaretlere bakın). Pirinci kapalı bir tencerede pişiriyorsanız, yarım litreden biraz fazla suya ihtiyacınız olacaktır. Ekstra lezzet için biraz kuru yosun atın.

3. Pirinç sirkesi, tuz ve şekeri küçük bir tavada karıştırın ve orta-yüksek ateşte şeker eriyene kadar karıştırarak kaynatın. soğumaya bırakın.

4. Pişmiş pirinci nemlendirilmiş düz tabanlı bir tabağa aktarın, suşi sirkesini ekleyin ve hafifçe karıştırın. Tabağın üzerine ıslak bir bez koyun ve bir kenara koyun.

5. Hosomaki yapmak için, salatalığın her iki ucunu da kesin, ardından uzunlamasına ikiye bölün ve işlemi 2 kez daha tekrarlayın, tohumları çıkarın - 8 şerit elde etmelisiniz.
6. Ton balığını $\frac{1}{4}$ - $\frac{1}{2}$" parçalara böldükten sonra bu parçaları $\frac{1}{4}$ - $\frac{1}{2}$" kalınlığında uzun şeritler halinde kesin.
7. Natto'yu biraz soya sosu veya pakette bulunan baharatla baharatlayın, sonra yapışkan olana kadar karıştırın.
8. Küçük bir kapta $\frac{1}{4}$ su bardağı su ve 1 yemek kaşığı pirinç sirkesini karıştırın. Ellerinizi bu sirkeli suya batırmak pirincin yapışmasını engeller.
9. Dikdörtgen deniz yosununun uzun tarafını ikiye bölün. Parlak tarafı aşağı gelecek şekilde, yarım çarşafı bambu suşi hasırının üzerine, tabakanın uzun tarafı matın size en yakın tarafına paralel olacak şekilde yerleştirin. Bu en yakın tarafta görünen 3-4 çıta bırakın.
10. Ölçüm kabını sirkeli suyla nemlendirin ve ıslak elinize sadece $\frac{1}{2}$ bardak alın.

Pirinci nori yaprağının sol ortasına yerleştirdikten sonra, üst kenar boyunca 1 inç boşluk bırakarak üzerine yayın. suşi dolgunun üzerine, pirinç tabakasının kenarına inin. Ruloyu matın içinden hafifçe şekillendirin ve sıkın. Paspası çıkardıktan sonra, deniz yosununun kenarını kapatmak için suşiyi bir kez daha yuvarlayın.
11. Bıçağı sürekli nemli bir bezle nemlendirerek ruloyu 6 parçaya kesin. Baharatlarla servis yapın.

## 2. Hoşomaki

Suşi pirinci için malzemeler:

- 660 gr pişmiş Japon suşi pirinci
- 50 ml suşi sirkesi

İnce rulo için malzemeler:

- 1 uzun şerit sashimi balığı
- 1 yaprak nori deniz yosunu
- 1/2 yemek kaşığı wasabi
- hizmet etmek:
- 1 yemek kaşığı soya sosu

Talimatlar

1. Pirincin yapışmasını önlemek için bir suşi pirinci karıştırma kabının veya büyük bir kabın içini nemlendirin. Suşi pirinci hazırlanırken pirincin taze pişmiş ve sıcak olması gerekir.
2. Pişmiş pirinci kaseye koyun ve suşi sirkesini ekleyin. Sirke iyice birleşene kadar bir pirinç kürek kullanarak sirkeyi pirincin içine yavaşça karıştırın. Suşi pirincini oda sıcaklığına soğumaya bırakın. Pirincin kurumasını önlemek için

suşi pirincini nemli bir çay havluyla örtün.

3. Nori yosununu ikiye bölün ve ardından nori'nin yarısını parlak tarafı alta gelecek şekilde suşi matının üzerine yerleştirin. Altın bir kural olarak, nori yosununun parlak tarafı her zaman suşinin dışında olmalıdır.

4. Yaklaşık 80 gr suşi pirincini nori deniz yosununun üzerine koyun ve üst kenarda 1 cm kalacak şekilde eşit şekilde yayın. Küçük bir parça wasabi ekleyin ve sashimi dereceli balık şeridini ortasına yerleştirin.

5. Dolguyu tamamen kapatmak için rulonun kenarını sıkıştırarak alttan yuvarlamaya başlayın. Paspasın kenarını kaldırın ve suşi sert bir silindir haline gelene kadar ileri doğru yuvarlanmaya devam edin.

6. Keskin bir bıçağın ucunu hafifçe ıslatın ve ruloyu 6 parçaya bölün. İlk önce ikiye bölün, sonra ikiye bölün. Pirincin bıçağa yapışmasını

önlemek için kesikler arasında
bıçağı ıslak bir havluyla temizleyin.

## 3. Chumaki

## İçindekiler

- 2 su bardağı pişmiş ve sirkeli suşi pirinci
- 3 yaprak nori deniz yosunu (boyutlar 7 x 9 inç)
- 1 olgun avokado
- 1 çıtır salatalık
- 1 tamagoyaki (Japon omleti)
- (Japon) soya sosu
- 1/2 çay kaşığı wasabi veya Dijon hardalı
- 1 yemek kaşığı zencefil turşusu (gari)

## Talimatlar

1. Salatalığı soyun ve bir kaşıkla salatalık boyunca ikiye bölün ve her bir yarıdaki tohumları çıkarın.
2. Her bir yarıyı ikiye ve her çeyreği tekrar ikiye bölün, yine salatalığın tüm uzunluğu boyunca. Bu 8 uzun salatalık çubuğu verir
3. Önceden hazırlanmış tamagoyaki'yi 1/5 x 1/5 inçlik şeritler halinde kesin

4. Bıçağı çukurun etrafında hareket ettirerek olgun bir avokadoyu ikiye bölün. Çukuru çıkarın. Ortasından büyük bir kaşıkla eti alın ve tahtaya koyun.
5. 1/5'e 1/5 inçlik şeritler halinde avokado kesmek için bıçağınızı kullanın
6. Makusi'yi tahtaya koyun, streç film üzerine koyun ve ardından nori yosunu parlak tarafı aşağı gelecek şekilde, streç filme, yosun yaprağının size en yakın olan uzun tarafını yerleştirin. öyle ki deniz yosunu tabakasının uzak (uzun) ucundan bir inç pirinçle kaplanmamış halde kalır. Islatılmış bir bardak kullanın ve pirinci tutmak için ıslak parmakları kullanın.
7. Daha sonra avokado, tamagoyaki ve salatalık şeritlerini, kapalı tabakanın uzun kenarı boyunca yan yana sıralar halinde pirincin üzerine yerleştirin.
8. Ardından deniz yosununu üzerinizden uzağa doğru yuvarlayın, böylece açıkta kalan deniz yosununun bir karışı görünür durumda kalır. Yuvarlanmadan

ve kaplanmamış deniz yosununun bir inçini de yakalamadan önce ruloyu sıkın.

## 4. futomaki

## Kanpyo (Pişmiş Kuru Daikon Turp) için Malzemeler

- 1 ons kurutulmuş kanpyo (daikon turp)
- Su (ıslatmak için)
- 2/3 fincan dashi çorbası stoğu
- 3 yemek kaşığı soya sosu
- 2 yemek kaşığı şeker
- 1 yemek kaşığı mirin

Tamagoyaki için (Yumurtalı Omlet)

- 2 yumurta 2 yemek kaşığı şeker
- Kanola yağı

**İçindekiler**Futomaki Ruloları için

- 4 yaprak nori (kurutulmuş deniz yosunu)
- 6 su bardağı hazır suşi pirinci (suşi sirkesi ile tatlandırılmış buğulanmış kısa taneli beyaz pirinç)
- 1 küçük salatalık (uzunlamasına dörde bölünmüş ve kesilmiş)

### Talimatlar

1. Küçük bir kapta kanpyo'yu (kuru daikon turpunu) yıkayın, durulayın ve süzün.
2. Daha sonra yumuşak ve esnek hale gelene kadar yaklaşık 1 saat tatlı suda bekletin.
3. Kanpyo'dan fazla suyu sıkın.
4. Yumuşatılmış kanpyoyu yaklaşık 8 inç uzunluğunda parçalar halinde kesin.
5. Orta boy bir tencerede dashi çorbası stoğu, soya sosu, şeker ve mirin'i birleştirin. Orta ateşte kaynamaya getirin.
6. Kanpyo ekleyin ve sıvı neredeyse bitene kadar kısık ateşte pişirin. soğumaya bırakın.

### Tamagoyaki'yi hazırlayın

1. Küçük bir kapta yumurta ve şekeri çırpın.
2. Küçük tavada kanola yağını ısıtın, tavayı kapladığınızdan emin olun. İnce

bir tabaka oluşturmak için yumurta karışımını ekleyin. Ardından, kalın bir şekilde yuvarlanmış bir omlet yapmak için yumurta omletini yavaşça yuvarlayın veya katlayın.
3. Tavadan çıkarın ve soğumaya bırakın. Uzun çubuklar halinde kesin.

**Futomaki Suşi Rulolarını Yapın**

1. Bambu hasırın üzerine bir parça plastik sargı koyun. (Bu, temizliği kolaylaştırır.) Bambu hasırın üzerindeki plastik sargının üzerine büyük bir yaprak kurutulmuş, kavrulmuş deniz yosunu (nori) yerleştirin.
2. Kurutulmuş deniz yosunu tabakasının üzerine eşit olarak 1/4 porsiyon suşi pirinci yayın.
3. Kanpyo, omlet ve salatalık çubuklarını ortadaki pirincin üzerine yatay olarak yerleştirin. Suşiyi bir silindire dönüştürmek için ileri doğru bastırarak bambu hasırı yuvarlayın.

Bambu hasırına sıkıca bastırın ve suşiden çıkarın.
4. Suşiyi bir kenara koyun ve 3 Futomaki rulosu daha yapmak için tekrarlayın.
5. Futomaki'yi dilimlemeden önce bıçağı ıslak bir bezle silin. Rulo Futomaki suşiyi ısırık büyüklüğünde parçalar halinde kesin.

## 5. uramaki

Suşi pirinci için malzemeler:

- 660 gr pişmiş Japon suşi pirinci
- 50 ml suşi sirkesi

İçten dışa rulo için malzemeler:

- 1 uzun şerit sashimi balığı
- 1 uzun şerit salatalık
- 1 yaprak nori deniz yosunu
- 1 dal dereotu
- 1/2 yemek kaşığı wasabi
- servis yapmak için: 1 yemek kaşığı soya sosu

Talimatlar

1. Pirincin yapışmasını önlemek için bir suşi pirinci karıştırma kabının veya büyük bir kabın içini nemlendirin. Suşi pirinci hazırlanırken pirincin taze pişmiş ve sıcak olması gerekir.
2. Pişmiş pirinci kaseye koyun ve suşi sirkesini ekleyin. Sirke iyice birleşene kadar bir pirinç kürek kullanarak sirkeyi pirincin içine yavaşça karıştırın. Suşi pirincini oda sıcaklığına soğumaya bırakın. Pirincin kurumasını

önlemek için suşi pirincini nemli bir çay havluyla örtün.

3. Nori yosununu ikiye bölün ve ardından nori'nin yarısını parlak tarafı alta gelecek şekilde suşi matının üzerine yerleştirin. Altın bir kural olarak, nori yosununun parlak tarafı her zaman suşinin dışında olmalıdır.

4. Nori yosununun üzerine yaklaşık 110 gr suşi pirinci koyun ve eşit şekilde yayın. Dereotu sapını pirincin üzerine yerleştirin. Nori deniz yosunu ve suşi pirincini, nori deniz yosunu yukarı bakacak şekilde çevirin. Küçük bir parça wasabi ekleyin ve iki şerit salatalık ve sashimi dereceli balığı ortasına yerleştirin.

5. Dolguyu tamamen kapatmak için rulonun kenarını sıkıştırarak alttan yuvarlamaya başlayın. Paspasın kenarını kaldırın ve suşi sert bir silindir haline gelene kadar ileri doğru yuvarlanmaya devam edin.

6. Keskin bir bıçağın ucunu hafifçe ıslatın ve ruloyu 6 parçaya bölün. İlk önce ikiye bölün, sonra ikiye bölün.

## 6. Temaki

İçindekiler

- 200 gr suşi pirinci
- 2 yaprak nori deniz yosunu
- 50 ml suşi sirkesi
- 1 yemek kaşığı soya sosu (isteğe bağlı)

Önerilen dolgular

- mayonezli konserve ton balığı
- Tuna
- Somon
- tamagoyaki omlet
- avokado
- deniz ürünleri çubukları
- karidesler
- salatalık

İsteğe bağlı baharatlar

- mayonez
- beyaz susam
- Kara Susam
- wasabi
- yuzu kosho biberi

**Talimatlar**

1. 200 gr pirinci pişirdikten sonra 50 ml suşi sirkesi ile karıştırın ve kullanmadan önce soğumaya bırakın.
2. İç harcınızı 10 cm'lik ince şeritler halinde hazırlayın ve nori deniz yosunu yapraklarını ortadan ikiye kesin.
3. 1 adet norinin pürüzlü tarafına sushi pirincinizi sol yarısını kaplayacak şekilde yayın. Pirinci kenarlarına kadar yaymanıza gerek yok.
4. İsterseniz, ekstra lezzet için pirincin üzerine biraz susam serpin.
5. Nori deniz yosunu yaprağını sol elinize yatay olarak yerleştirin (bunu en baştan yapabilirsiniz, ancak pirinci yaydıktan sonra daha kolay bulabilirsiniz).
6. Ortadaki herhangi bir malzemeyi pirincin üzerine eklemeye başlayın. Herhangi bir kombinasyonu kullanabilirsiniz, ancak somon ve avokado genellikle birbirini iyi tamamlar.

7. Şimdi Temaki'yi yuvarlamak için. İlk önce dolgunun sol tarafından doldurulmuş tarafını katlayın. Daha sonra nori yosununun düz tarafını sağdan yuvarlayın ve elinizle bir koni yapın. Rulonun ucunu, dolgudan alınan preslenmiş bir nemli pirinç parçasıyla sabitleyin.

## 7. Çakinzuşi

Chirashi suşi pirinci için malzemeler:

- 150 gr pirinç
- 1 paket chirashi suşi pirinç karışımı

Yumurtalı krep kolileri için malzemeler:

- 9 yumurta
- 2 yemek kaşığı katakuriko patates nişastası, 2 çay kaşığı su ile karıştırılmış
- 2 yemek kaşığı şeker
- 2 yemek kaşığı tuz
- 7-8 yeşil soğan

Talimatlar

1. Aşçı pirinç.
2. Karıştırmak için bir suşi okesine veya benzer şekilde uygun bir kaseye taze pişmiş pirinci dökün. Chirashi suşi pirinç karışımını ekleyin ve iyice karıştırın. Soğuması için kenara alın.
3. Ayrı bir kapta yumurtaları, katakuriko patates nişastası karışımını, şekeri ve tuzu iyice karışana kadar çırpın.
4. Orta ateşte yapışmaz bir tava kullanarak, yaklaşık 20 cm çapında ince

bir yumurtalı krep için yeterli miktarda hamur dökün. 1-2 dakika her iki tarafını da pişirin ve ocaktan alın. Tüm yumurta karışımı bitene kadar bu adımı tekrarlayın (yaklaşık 15 krep elde etmelisiniz). Soğuması için kenara alın.

5. Taze soğanları uzunlamasına ikiye bölün, böylece iki ince şerit elde edin. Blanche, yumuşayana kadar (yaklaşık 1 dakika) kaynar suda şeritler, ardından pişirme işlemini durdurmak için hemen soğuk suya batırın.

6. Tüm malzemeler soğuduktan sonra sıra toplamaya geldi. Düz bir yüzeye bir yumurtalı krep koyun ve ortasına chirashi suşi pirinç karışımından bir ısırık büyüklüğünde bir top koyun. Yumurtalı krepin kenarlarını pirincin üzerinde bir demet oluşturacak şekilde getirin. Yeşil soğan şeridi ile birbirine bağlayın ve fazlalıkları kesin. Sonra servis yapın ve tadını çıkarın.

8. hamagarizushi

## İçindekiler

- 10 Hamagari deniz tarağı (öğütülmüş)
- 200 ml Sake
- 3 yemek kaşığı soya sosu
- 4 yemek kaşığı şeker
- 40 ml Mirin
- 700 gram Taze pişmiş pirinç
- 40 ml Sirke
- 20 gram Şeker
- 2/3 çay kaşığı Tuz

## Talimatlar

1. Herhangi bir yapışkan parçadan kurtulmak için akan suyun altında yıkarken deniz tarağı kabuklarını birbirine sürtün.
2. Pişirme aşkını bir tavada kaynatın ve ardından istiridyeleri kaynatın. Bir kapakla örtün, istiridyeleri yaklaşık 3-4 dakika buharda pişirin, ardından tavadan çıkarın. Sıvıyı daha sonra kullanmak üzere tavada saklayın.
3. Kabuklara bir bıçak sokun ve onları açın. Eti zarar vermeden dikkatlice kesin.

4. Etin şeklini ayarlayın ve eti ayağından kelebeği kesmek için bıçağı kullanın.
5. Adım 2'den kalan istiridye suyunu ve "A" malzemelerini bir tencereye ekleyin ve kalın bir sos elde edene kadar kısık ateşte kaynatın.
6. Pirinci, birleşik "B" bileşenleriyle birlikte bir "ohitsu"ya (tahta pirinç kabı) aktarın. Pirinci havalandırırken "B" malzemelerini katlayın.
7. Sirke karışımını (Faydalı İpuçlarına bakın) ellerinize uygulayın ve suşi pirincini nigiri suşi haline getirin. İstiridye etini üstüne koyun, şekli düzeltin ve bitirmek için sosu üzerine fırçalayın.

## 9. Nigirizushi

İçindekiler

- 320 gr suşi pirinci
- 80 ml suşi sirkesi
- nori deniz yosunu
- Nigiri suşi kalıpları
- wasabi ezmesi
- soya sosu
- turşu suşi zencefil

**Topingler**

- somon, ton balığı veya sarıkuyruk gibi taze çiğ balık
- Füme Somon
- pişmiş karides
- pişmiş ahtapot veya kalamar
- ızgara yılan balığı
- yengeç çubukları
- tamagoyaki Japon usulü omlet
- avokado
- şitaki mantarı

1. Nigiri sushi yapmadan önce kullanacağımız sushi pirincini hazırlamamız gerekiyor.

2. Pilav hazırlığıyla gerçekten çok fazla zaman harcamak istemiyorsanız mikrodalgada pişirilebilen pirincimizi deneyebilirsiniz. 250 gr pişmiş pirinci 1 yemek kaşığı suşi pirinci sirkesi ile karıştırın.

3. Pirinç pişirilirken balık dilimleri, sebzeler veya kullanmak istediğiniz diğer sosları hazırlayabilirsiniz.

4. Şimdi pirinç kabuklarını yapabiliriz. Suşi ustaları genellikle ellerini temiz tutan ve pirincin yapışmasını durdurmaya yardımcı olan su ve suşi sirkesi karışımıyla yıkarlar. Her seferinde mükemmel pirinç kabukları yapmanın kolay yolunu istiyorsanız, bir Nigiri suşi kalıpları kullanmayı deneyin. Pirinci eşit şekilde içine koyun, kapağı aşağı bastırın, kalıpları ters çevirin ve pirinci dışarı doğru bastırın.

5. Wasabi'nin ateşli tadını seviyorsanız, tepenin alt kısmına biraz ekleyin. Ardından, ellerinizi su ve suşi sirkesi ile nemli tutarken, tepesini bir suşi pirinci kabuğuna sıkıca bastırın. Tamagoyaki gibi bazı malzemeler, tepesinin pirinç kabuğundan düşmesini önlemek için genellikle çok ince bir nori deniz yosunu şeridine sahiptir.

6. Suşi servis etmenin geleneksel yolu, biraz wasabi ezmesi ve bir tabak soya sosudur. Soya sosuyla biraz wasabi karıştırın ve yemeden önce suşiyi içine daldırın.

10. *günkan maki*

## İçindekiler

### Suşi pirinci

- Nori

### Topingler

- Taze Sashimi Dilimleri, Wasabi
- Ikura (Somon Karaca), Tobiko (Uçan Balık Karaca)
- Yengeç Eti, Karides
- Teriyaki Tavuk, Inari-zushi Sarmalayıcılar
- Ton balığı ve mayonez
- Çırpılmış Yumurta, Haşlanmış Yumurta ve Mayonez
- Avokado, Salatalık, Mısır

### Talimatlar

1. Suşi Pirinci pişirin. Suşi pirinci serin veya oda sıcaklığında olmalıdır.
2. Topingler hazırlayın
3. Bir yaprak Sushi Nori'yi 6 şerit halinde kesin. Nori levha genellikle 20 cm uzunluğundadır. 6 şerit halinde kestiğinizde her şerit 3,3 cm

genişliğinde olacaktır. Her şeridi 15-16 cm uzunluğunda olacak şekilde kesin. Offcuts, tepesi veya diğer yemekler için kullanılabilir.

4. Küçük dikdörtgen Suşi Pirinç topları yapın. Genellikle yaklaşık 20 g pirinç bir top haline getirilir ve bu oldukça küçüktür. Üst kısmı düzleştirin veya oyuklayın.

5. Her bir topu düz tarafı dışarı gelecek şekilde bir Nori şeridi ile sarın, üzerine malzemeleri yerleştirin.

# AMERİKAN SUŞİ

## 11. Kaliforniya rulosu

## İçindekiler

- 2 su bardağı suşi pirinci (460 gr), pişmiş
- $\frac{1}{4}$ fincan terbiyeli pirinç sirkesi (60 mL)
- 4 yarım yaprak suşi sınıfı nori
- 1 çay kaşığı susam tohumu, isteğe bağlı
- 8 adet taklit yengeç
- 1 küçük salatalık, kibrit çöpü şeklinde doğranmış
- 1 avokado, ince dilimlenmiş

## Talimatlar

1. Suşi pirincini pirinç sirkesi ile baharatlayın, havalandırın ve oda sıcaklığına kadar karıştırın.
2. Yuvarlanan bir matın üzerine, pürüzlü tarafı yukarı bakacak şekilde bir yaprak nori yerleştirin.
3. Ellerinizi ıslatın ve bir avuç pirinç alın ve nori'nin üzerine koyun. Pirinci ezmeden nori boyunca eşit şekilde yayın. Kullanıyorsanız pirinci bir tutam susam ile baharatlayın, ardından nori yukarı bakacak şekilde çevirin.

4. Alttan 1 inç (2,5 cm) yatay bir sıra halinde, yengeç ve ardından bir sıra avokado ve bir sıra salatalık yerleştirin.
5. Hem nori'yi hem de matı tutarak, alt kısımdaki ekstra boşluk diğer tarafa değecek şekilde matı dolgunun üzerine yuvarlayın ve güzel bir sıkı rulo yapmak için aşağı doğru sıkın. Rulonun şeklini tutmasını önlemek için yol boyunca aşağı doğru sıkın.
6. Ruloyu bir kesme tahtasına aktarın. Ruloyu altı eşit parçaya ayırmadan önce nemli bir kağıt havluya bir bıçak sürün.

## 12. Karides tempura rulo

## İçindekiler

- 1 1/2 su bardağı suşi pirinci ve 2 su bardağı su
- 1/4 su bardağı terbiyeli pirinç sirkesi Marukan
- tempura hamuru
- 1 lb. büyük karides soyulmuş ve ayıklanmış
- 18 oz. paket taklit yengeç çubukları
- 1 avokado olgunlaşmış ama kahverengi değil
- 1 İngiliz salatalık
- 115 gram. krem peynir ve 2 yemek kaşığı mayonez
- 5 yaprak kızarmış nori yosun
- siyah ve beyaz susam tohumları
- bambu suşi matı
- derin kızartma için mısır yağı

## Talimatlar

1. Pirinci yaklaşık 2-3 kez durulayın ve bir pirinç ocağına koyun. 1 1/2 su bardağı suşi pirincini 2 su bardağı su ile pişirin. Piştikten sonra geniş bir fırın tepsisine aktarın. Bir pirinç kürek kullanarak

pirinci hafifçe kesin. Pirinci alın ve ters çevirin. Pişen pirincin içine pirinç sirkesini eşit şekilde dökün ve soğuyana kadar pirinci pirinç küreğiyle kesmeye ve kepçelemeye devam edin.

2. Pirinç soğurken tempurayı pakete göre yapın. Büyük bir tavaya 2 inç derinliğe kadar yağ dökün. Her bir karidesi tempura hamuruna batırın ve karidesleri orta yüksek ateşte pişirin. Karidesleri fazla pişirmediğinizden emin olun. Karidesleri toplu olarak 2-3 dakika gruplar halinde kızartın.
3. Karidesler piştikten sonra kenara alın.
4. Taklit yengeci ince doğrayın ve mayonezle birleştirin. Avokadoyu dilimleyin ve salatalığı ince jülyen dilimler halinde kesin. Ben krem peyniri ambalajlı olarak satın alıyorum. Krem peyniri uzun şeritler halinde kesmek için keskin bir bıçak kullanın.
5. Ardından, her bir tempura hırpalanmış karidesi ikiye bölün, böylece iki özdeş parça elde edin.

6. Suşi matını plastik sargıyla örtün ve ortasına bir tabak kızarmış nori yerleştirin. Ellerinizi suyla ıslatın ve bir avuç pirinç alın. Pirinci nori'nin üzerine yaymaya başlayın, tüm tabakayı ince bir tabaka ile kapladığınızdan emin olun. Pirinci çok fazla bastırmamaya dikkat edin, aksi takdirde püre haline geleceksiniz. Ellerinizi sürekli ıslatmak gerçekten yardımcı olur çünkü pirinç çok yapışkan olabilir.
7. Pirinç eşit şekilde yayıldığında, biraz susam serpin ve nori'yi ters çevirin. Nori yaprağının ortasına yaklaşık 2 yemek kaşığı taklit yengeç, 2 dilim salatalık, 2 dilim avokado, 1 şerit krem peynir ve 2 tempura karides yarısı koyun.
8. Şimdi bu zor kısım. Suşi matı ile nori'nin önünü çevirirken, iç malzemeleri hafifçe sıkıştırın. Ruloyu sıkı tuttuğunuzdan emin olarak suşi matı ile suşiyi yuvarlamaya devam edin.
9. Keskin bir ıslak bıçak kullanarak her suşi rulosunu 8 eşit parçaya kesin.

## 13. ejderha rulo

## İçindekiler

- 8 adet karides tempura
- 2 yemek kaşığı Tobiko sos
- 2 su bardağı suşi pirinci
- 2 yaprak Nori
- 2 orta boy avokado, dilimlenmiş
- 1 orta boy salatalık
- Birkaç damla limon
- Topingler için
- baharatlı mayonez
- siyah susam tohumları
- Unagi Sosu

## Talimatlar

1. Avokadonun kararmaması için üzerine biraz limon suyu püskürtün.
2. Bambu hasırın üzerine pirincin yapışmasını önlemek için üzerini plastik bir örtü ile örtün.
3. Nori yaprağını ortadan ikiye kesin ve matın üzerine yerleştirin. Ya yırtabilir ya da makas kullanabilirsiniz, sadece her iki parçanın da eşit ve eşit olduğundan emin olun.

4. Ellerinizi bir bardak su veya sirke ile ıslatın ve pirinci Nori tabakasının üzerine yaymaya başlayın. Pirinci çok fazla bastırmayın yoksa yapışkan olur ve tüm kabarıklığını kaybeder.
5. Tabakayı dikkatlice çevirin, böylece pirinç bambu hasıra bakar.
6. Nori tabakasına karides tempurasını koyun ve üstüne salatalık şeritleri koyun. Tobiko'yu Nori'nin karşı ucuna ekleyin.
7. Alt kenardan tutun ve bambu hasır yardımıyla nori tabakasını dolgunun üzerine sıkıca katlamaya başlayın.
8. Avokadodan uzunlamasına birkaç parça kesin ve bir ejderha pulu gibi rulonun üzerine koyun.
9. Ruloyu tekrar plastik bir örtü ile örtün. Şimdi keskin kenarlı bir bıçak kullanarak 6 eşit parçayı mümkün olduğunca eşit bir şekilde kesin. Avokado dilimlerini kırmamak veya ezmemek için çok nazik olun.
10. Servis yapmadan önce üzerine biraz baharatlı mayonez, Tobiko sosu ve çörek

otu tohumu koyun. Dilerseniz yanında unagi sosu da servis edebilirsiniz.

## 14. tırtıl rulo

İçindekiler

- 1/4 su bardağı soya sosu
- 1/4 su bardağı sake
- 1/4 su bardağı şeker
- 1 toplu hazırlanmış suşi pirinci
- 2 paket sunagi (1/2 inçlik şeritler halinde kesilmiş)
- 2 avokado (yarıya, soyulmuş, çekirdeksiz ve dilimlenmiş)
- 1 adet sıcak ev hıyarı (tohumları kaşıkla ayıklanmış ve jülyen doğranmış)
- 1 paket baharatsız nori

Talimatlar

1. Küçük bir tavaya soya sosu, sake ve şekeri ekleyerek ve sıvının çoğu buharlaşana ve karışım koyu ve şurup kıvamına gelene kadar kaynatarak kabayaki sosunu hazırlayın.
2. Caterpillar Roll'unuzu pirinç dışarıda olacak şekilde yuvarlayacaksınız, bu nedenle pirincin yapışmasını önlemek için makisu'nuzu (bambu hasır) plastik sargıyla örtmeniz gerekir. Pirincin yapışmasını önlemek için parmaklarınızı

içine sokmak için küçük bir kase su hazırlayın.
3. Nori'nizi dikkatlice ikiye katlayın, eğer nori tazeyse, kat boyunca kolayca ikiye bölünmeli ve iki adet 3,75 inç x 8 inç parça yapmalıdır. Kolayca bölünmüyorsa, nori'yi ikiye kesmek için makas kullanın.
4. Paspasın dibine bir parça nori koyun. Parmaklarınızı suyla hafifçe ıslatın ve ardından nori'nin üzerine az miktarda pirinç ekleyin.
5. Parmaklarınızın nemli olduğundan emin olun ve ardından parmak uçlarınızı kullanarak pirinci nori'nin kenarlarına ince ve düz bir tabaka halinde nazikçe yayın. Çok fazla baskı uygulamayın, yoksa pirinç tanelerini birlikte ezeceksiniz.
6. Pirinci ve nori'yi, pirinç aşağı ve nori yukarı bakacak şekilde çevirin. Norinin alt kenarına biraz salatalık koyun, ardından unagi ile üstüne koyun.
7. Başparmaklarınızı bambu hasırın altına sokun ve ardından dolguyu yerinde tutmak için parmağınızın geri kalanını

kullanın. Paspası yukarı ve dolgunun üzerine yuvarlayın.
8. Paspas rulonun etrafını tamamen sardığında, bir elinizle yuvarlanmaya devam ederken diğerini kullanarak matı suşinize yuvarlamamak için yoldan kaldırmanız gerekir.
9. Caterpillar Roll tamamen yuvarlandığında, her şeye parmaklarınızla sarılın. Bu, pirinci sıkıştıracak ve dilimlediğinizde dağılmamasına yardımcı olacaktır.
10. Avokado dilimlerini rulonun üzerine yayın, her bir ince avokado diliminin bir sonrakiyle örtüştüğünden emin olun.
11. Ruloyu tekrar bambu hasırla sarın ve bir kez daha sarın.
12. Bitmiş Caterpillar Ruloyu bir kesme tahtasına aktarın ve ruloyu 8 parçaya kesmek için uzun keskin bir bıçak (tercihen bir suşi bıçağı) kullanın. Bıçağın arka kenarını rulonun üzerine koyarak ve bıçağın ağırlığını kullanarak bıçağı kendinize doğru çekerek ruloyu dilimlemeye başlayın.

15. Gökkuşağı rulosu

İçindekiler:

- 2 su bardağı suşi pirinci.
- 2-3 nori yaprağı
- küçük bir kısmı:
- Somon/Ton Balığı/Deniz tabanı
- Avokado
- Salatalık
- Yeşil soğan (soğan filizleri).
- gökkuşağı

**Talimatlar**

**Topingleri hazırlayın**

1. Üç balık türünden ince, eşit dilimler yapın. Önerilen kalınlık 0,5 cm'dir (yaklaşık 1/4 inç). Uzun ve geniş dilimler yapabilir ve bunları tüm ruloyu kaplamak için veya daha küçük dilimleri rulonun yalnızca üstünü kaplamak için kullanabilirsiniz.

**Dolguları hazırlayın ve yuvarlayın**

1. Salatalığı uzun ince çubuklar halinde kesin. Olabildiğince ince ve bir rulo kadar uzun olmalı veya salatalık çok küçükse

yarım rulo olmalıdır. Yeşil soğanlar soğan veya daha ince doğranmalıdır.
2. Noriyi ortadan ikiye kesin ve üzerini pirinçle kaplayın. G/Ç yuvarlanması için nori'yi çevirin ve dolguları nori'nin üzerine koyun. Suşi rulosunu kapatabildiğiniz sürece istediğiniz kadar dolgu kullanın.

**Topingler**

1. Dilimleri, her bir malzeme rulo uzunluğunun 1/4'ünü alacak şekilde rulonun üzerine yerleştirin.
2. Avokado için - İnce avokado dilimlerini soymak için bir sebze soyucu kullanın ve geri kalanını örtmek için doğrudan rulonun üzerine koyun. Avokadoyu soyduktan hemen sonra kullanın; Kabukları bıraktıktan sonra almak daha zor olacak!
3. Sarma bandıyla sarılmış bir bambu sarma matı kullanarak malzemeleri ruloya sıkın. En iyi sonuçlar için birkaç saniye sıkıca bastırın.

16. Philadelphia rulosu

## İçindekiler

- 2 su bardağı suşi pirinci (460 gr)
- $\frac{1}{4}$ fincan terbiyeli pirinç sirkesi (60 mL)
- 4 yarım yaprak suşi sınıfı nori
- 115 gram. somon füme (115 gr)
- 115 gram. krem peynir (115 gr), kibrit çöpü şeklinde kesilmiş
- 1 küçük salatalık, kibrit çöpü şeklinde doğranmış

## Talimatlar

1. Suşi pirincini pirinç sirkesi ile baharatlayın, havalandırın ve oda sıcaklığına kadar karıştırın.
2. Yuvarlanan paspasın üzerine, pürüzlü tarafı yukarı bakacak şekilde bir yaprak nori yerleştirin.
3. Ellerinizi ıslatın ve bir avuç pirinç alın ve nori'nin üzerine koyun. Pirinci parçalamadan pirinci nori boyunca eşit şekilde yayın.

4. Alttan 1 inç (2 cm) yatay bir sıra halinde somon füme, krem peynir ve salatalığı düzenleyin.
5. Hem nori'yi hem de matı tutarak, alt kısımdaki ekstra boşluk diğer tarafa değecek şekilde matı dolgunun üzerine yuvarlayın ve güzel bir sıkı rulo yapmak için aşağı doğru sıkın. Rulonun şeklini tutmasını önlemek için yol boyunca aşağı doğru sıkın.
6. Ruloyu bir kesme tahtasına aktarın. Ruloyu altı eşit parçaya ayırmadan önce nemli bir kağıt havluya bir bıçak sürün.

## 17. sebzeli rulo

**Pirinç için Malzemeler:**

- 3 su bardağı kısa taneli Japon pirinci, durulanmış
- 1/3 su bardağı pirinç sirkesi
- 3 yemek kaşığı şeker
- Tuz

**Rulolar için Malzemeler:**

- 10 nori yaprağı (kurutulmuş deniz yosunu), yarıya
- Üzerine serpmek için susam
- 1 salatalık
- 1 avokado
- 1 erik domates, çekirdeksiz
- 1 küçük kırmızı soğan
- 20 kuşkonmaz mızrağı, kesilmiş ve beyazlatılmış
- Yaymak ve servis yapmak için Wasabi ezmesi
- 1 adet marul kalbi
- Turşu zencefil, servis için

**Talimatlar**

1. Pirinci yap. Pirinci ve 3 1/4 bardak suyu bir pilav pişiricisinde birleştirin ve

üreticinin talimatlarına göre pişirin. Sirke katlayın.
2. Sirke, şeker ve 1 tatlı kaşığı tuzu bir tencerede orta ateşte karıştırarak şekeri eritin. Pişmiş pirinci büyük bir ahşap kaseye (geleneksel olarak ahşap bir küvet) aktarın. Bir tahta kaşık veya spatula üzerinde sirke karışımının dörtte birini pirincin üzerine gezdirin. Pirinci soğutmak ve topakları parçalamak için kaşıkla hafifçe katlayın. Kalan sirke karışımını katlayın ve pirinci 5 dakika bekletin. Pirinci yayın.
3. Bambu suşi matını plastik sargıyla örtün. Paspasın üzerine yarım nori yaprağını pürüzlü tarafı yukarı bakacak şekilde yerleştirin. Ellerinizi ıslatın ve limondan biraz daha büyük bir avuç pirinci nori üzerine alın. Pirinci nori'nin kenarlarına eşit bir şekilde yaymak için bastırın, ilerledikçe parmaklarınızı nemlendirin. Susam tohumu serpin.
4. Sebzeleri hazırlayın. Salatalığı soyun ve kibrit çöpü şeklinde doğrayın.

5. Avokado, domates ve kırmızı soğanı ince ince dilimleyin; kuşkonmazın sert uçlarını soyun. Dolguyu ekleyin. Nori'yi dikkatlice ters çevirin, böylece kısa ucu size bakacak şekilde pirinç tarafı matın üzerinde olsun. Nori'nin yaklaşık üçte birine kadar bir çizgide biraz wasabi ezmesi sürün - baharatlıdır, bu yüzden idareli kullanın.
6. Birkaç parça marul, salatalık, avokado, domates ve soğanı yaprağın alt üçte birlik kısmına sıkı bir yığın halinde yerleştirin.
7. Suşiyi yuvarlayın. Suşiyi ellerinizle yuvarlayın, giderken sebzeleri sıkıştırın. Rulonun altındaki matı çıkarın ve üstüne yerleştirin. Size yardımcı olması için matı kullanarak ruloyu kompakt bir dikdörtgen kütüğe bastırın. Ruloyu dilimleyin. Suşi rulosunu 4 ila 6 parçaya kesin. Kalan nori, pirinç ve sebzelerle tekrarlayın. Turşu zencefil ve daha fazla wasabi ile servis yapın.

18. Çiçeği rulo

## İçindekiler

- 8 adet ton balığı; suşi sınıfı, dilimlenmiş, tercihinize göre kalınlık
- 1/3 avokado; dilimlenmiş
- 4 adet somon; suşi sınıfı
- 1/4 su bardağı yengeç; Hazır Yengeç Salatası veya İmitasyon Yengeç
- 1 yaprak deniz yosunu; nori, kurutulmuş, terbiyeli
- 1/3 su bardağı pirinç; Sushi Rice, yapışkan, pirinç sirkesi ile tatlandırılmış
- Bambu rulo
- saran sarma; nori yosununuzdan biraz daha büyük
- Bıçak; keskin; tırtıklı değil

## Talimatlar

1. Pirincinizi nori deniz yosununun pürüzlü tarafına yayın. Sayfanın yalnızca 1/2 ila 2/3'ünü kaplayın. Deniz yosununu ters çevirin, pirinç aşağı bakacak şekilde bambu rulonuza ve saran sargınıza. Deniz yosununu 1/3 'pirinçsiz' tarafı size en yakın olacak şekilde tutun.

2. Avokado, yengeç eti, somon ve diğer ince dilimlenmiş sebzeleri tercihinize göre koyun. Suşinizi sıkıca kapatın, önce yuvarlak parçalar oluşturun. Kırmızı ton balığı parçalarınızı rulonuzun üzerine yerleştirin ve bambu hasırınızla bir kez daha kalıplayın.
3. Balık, yuvarlak suşi kütüğünüzün üstüne sabitlendiğinde, kama şeklindeki parçaları yapmak için bambu hasır kullanmaya başlayabilir ve yuvarlak kenarınızın bir tarafını bir noktaya sıkıştırabilirsiniz.
4. 10 parçaya kesin ve iki adet 5 parça kiraz çiçeği oluşturabilmelisiniz. Yeterince keskin bir bıçağınız varsa 12 parça kesebilirsiniz. Keskin bir bıçağınız yoksa. Suşiyi kesmeye yardımcı olması için saran sargısını kullanın.
5.

19. mango rulo

## İçindekiler

- 1 olgun mango
- 4 tempura karides
- 1/4 Hass avokado
- 2 su bardağı pişmiş ve terbiyeli suşi pirinci
- 2 nori

## Talimatlar

1. Tempura karidesini hazırlayın.
2. Avokadoyu uzun şeritler halinde kesin.
3. Avokado şeritlerini ve tempura karideslerini uramaki stilini kullanarak pirinç ve nori ile yuvarlayın.
4. Mangoyu ince, uzun dilimler halinde dilimlemek için mandolin, soyucu veya keskin bıçak kullanın.
5. Düz bir yüzey üzerinde iki adet plastik sargıyı (bir merdane boyutunda) hazır bulundurun.
6. Yaklaşık 7 "x 2" dikdörtgen bir alanı doldurmak için mango dilimini plastik sargı üzerine yerleştirin.
7. İçten dışa suşi rulosunu doğrudan mango dilimlerinin üzerine yerleştirin.

8. Şimdi plastik sargıyı örtmek için kaldırırken yuvarlayın, şimdi her yerde güzel bir mango örtüsü tabakasına sahip olmalısınız.
9. Daha iyi şekil için kesene kadar plastiği açık tutun, bir sonraki rulo için tekrarlayın.
10. Servis yapmaya hazır olduğunuzda, kesmek için keskin bir bıçak kullanın, ardından her bir parçayı plastik ambalajdan yavaşça açın.
11. Biraz mango sosu gezdirip hemen servis yapın.

## 20. Jumbo Örümcek rulo

## İçindekiler

- Ben büyük deniz yosunu kağıt yaprak paketi
- 2 su bardağı suşi pirinci
- Tuz
- Yumuşak kabuklu yengeç
- Kendiliğinden yükselen un
- Yemeklik yağ
- jülyen salatalık
- Romaine mektup - yırtık
- wasabi ezmesi
- turşu zencefil
- Soya sosu
- suşi sosu

## Talimatlar

1. 2 bardak suşi pirincini soğuk su altında yıkayarak başlayın. Bu X3'ü tekrarlıyorum. Daha sonra pirinci paketine göre tuzla pişirin. kenara koy
2. Unun yumuşak kabuğunu ekleyin ve kızarana kadar sıvı yağda kızartın.

Yağdan çıkarın ve kağıt havlu üzerine boşaltın. Kenara koyun.
3. Ardından, jülyen salatalık ve Romaine'i büyük şeritler halinde yırtın. Bir yaprak deniz yosunu kağıdı çıkarın ve ıslak ellerle suşi pirincini sonuna kadar sürün... yaklaşık 1/2 inç pirinçsiz bırakın.
4. Marul, salatalık ve son olarak deniz yosunu kağıdının üst kısmına yakın yumuşak kabuklu yengeç ekleyin. Ve yuvarlanmaya başlayın. Yuvarladıktan sonra, kendi altına sıkışan ruloyu sıkıca ama nazikçe şekillendirmek için suşi matlarını kullanın ve siz onu şekillendirin.
5. Merdaneyi çıkarın ve şekil bıçağıyla kesin... Bıçağım setle birlikte geldi.
6. Suşi sosuyla gezdirin. Wasabi ve zencefil turşusu ve soya sosuyla afiyetle yiyin.

## 21. dinamit rulo

İçindekiler

- Suşi pirinci
- Deniz yosunu
- mayonez
- havyar/tobiko (uçan balık yumurtası)
- taklit yengeç
- teriyaki yılan balığı
- Somon
- Teriyaki sosu

Talimatlar

1. Malzemeler listesindeki öğeleri toplayın.
2. Saran sargısını bir suşi haddeleme matının etrafına sarın. Bu, pirincin mata yapışmasını önleyecektir.
3. Pirinç veya diğer malzemelere yapışmaması için ellerinizi temiz suya batırın.
4. Paspasın üzerine bir parça deniz yosunu koyun. Daha sonra deniz yosununun üzerine biraz pirinç koyun ve dikkatlice deniz yosununun üzerine eşit şekilde yayın.
5. Pirinç yüklü deniz yosununu ters çevirin, böylece deniz yosununun çıplak tarafı

üstte olur. Somon ve mayonez hariç kalan malzemeleri deniz yosununun ortasına ekleyin. Daha sonra kullanmak üzere biraz tobiko bıraktığınızdan emin olun.

6. Pirinç, deniz yosunu ve içindeki her şeyi hasırla sarın. Bambu hasırı kullanarak, dağılmayacağından emin olmak için daha sert bastırın.
7. Suşi rulosunun üzerine uzun ve ince bir mayonez tabakası koyun.
8. İnce fakat uzun bir somon dilimi kesin ve mayonezin üzerine koyun.
9. Somonun üzerine başka bir mayonez kaplaması ekleyin. Biraz tobiko serpin.
10. Somon pişmemişse fırına koyun ve somonun üzerine istenilen miktarda ısı ilave edilene kadar bekletin. Ya da olduğu gibi tercih ederseniz, kesip bölmeye başlayın ve bir sonraki adıma geçin.
11. Rulo istenilen süreye kadar pişince fırından çıkarın ve ruloyu eşit parçalara bölün ve istenirse ruloların üzerine biraz teriyaki sosu ekleyin. Bunun dışında dinamit rulosunun keyfini çıkarabilirsiniz.

## 22. volkan rulo

İçindekiler

Rulolar için:

- 1 su bardağı pişmiş suşi pirinci
- 1-2 çay kaşığı terbiyeli pirinç sirkesi
- 2 nori yosun yaprağı
- 4-6 yeşil soğan sapı artı süslemek için ekstra
- 1/4 İngiliz salatalık, soyulmuş ve dilimlenmiş
- 2 yemek kaşığı krem peynir isteğe bağlı
- 1 yemek kaşığı isteğe bağlı kavrulmuş susam

Volkan tepesi: 1 seçin

- 8 jumbo karides (çiğ, çözülmüş ve temizlenmiş/deve edilmiş)
- 4 ons çiğ somon
- 4 ons çiğ defne tarakları veya deniz tarakları

Baharatlı volkan sosu:

- 2/3 su bardağı kaliteli mayonez
- 2 yemek kaşığı Sriracha

- birlikte çırpın ve baharat / ısıyı gerektiği gibi ayarlayın

**Talimatlar**

1. Fırınınızı veya tost makinesi fırınınızı 350 derece F'ye ısıtın.
2. Suşi pirincinizi pişirin ve kapalı halde 10 dakika bekletin. Bir kaseye aktarın ve terbiyeli pirinç sirkesi ekleyin. Bir çatalla kabartın ve soğumaya bırakın.
3. Pirinç pişirilirken, baharatlı yanardağ tepesine başlamayı seviyorum.
4. Çiğ karidesinizi, taraklarınızı veya somonunuzu küçük parçalar halinde doğrayın ve yanardağ sosuna atın.
5. Karışımı orta büyüklükte bir kare alüminyum folyo üzerine dökün ve dökülmemesi için kenarlarını biraz rulo yapın.
6. Yaklaşık 15 dakika veya deniz ürünleri opak ve tamamen pişene kadar pişirin. Fırın süreleri biraz değişebilir ama çok uzun sürmez. Karideslerin pişmesi biraz daha uzun sürdüğü için ocakta tamamen pişene kadar sotelemenizi ve ardından

sosla fırında bitirmenizi öneririm. Toplam zaman tasarrufu!
7. Deniz ürünleriniz pişerken, bir bambu hasırı plastik sargıyla kaplayın ve üstüne bir yaprak nori koyun.
8. Salatalığı ince şeritler halinde dilimleyin (dilimlemeden önce çekirdeklerini ortasından çıkarmayı severim), krem peyniri iki ince şerit halinde yuvarlayın ve yeşil soğanın uçlarını doğrayın.
9. Bir kaşık veya başka bir kap kullanarak, pirinci deniz yosunu tabakasına ince bir şekilde yayın ve ardından salatalık, krem peynir ve yeşil soğanı deniz yosunu karesinin sonunda, pirincin üzerine üç kompakt sıra halinde yerleştirin.
10. Yuvarlayın, dilimleyin ve susam serpin!
11. Şimdiye kadar ateşli turuncu yanardağ tepeniz hazır olmalı.

a)

## 23. Alaska rulo

4 Porsiyon

İçindekiler

**Rulolar için:**

- 1 (8 ons) paket krem peynir, yumuşatılmış
- ½ çay kaşığı soğan tozu
- ½ çay kaşığı koşer tuzu
- 4 yaprak nori
- ½ salatalık, ince rendelenmiş
- 12 oz. lox, bölünmüş

Sriracha Aioli için:

- 3 yemek kaşığı Klasik Aioli
- 2 çay kaşığı Sriracha sosu

Talimatlar:

1. Küçük bir kapta krem peynir, soğan tozu ve tuzu karıştırmak için el mikseri kullanın.
2. Bir suşi matı veya parşömen kağıdı üzerine bir yaprak nori koyun. 2 ons krem peynir karışımı, 2 parça traş salatalık ve 3 ons lox ile size en yakın kenardan 1 inç yatay olarak hizalayın. Size yol

göstermesi için hasır veya parşömen kağıdını kullanarak suşiyi rulo yapın, hasır veya parşömenin suşi rulosunun içinde yuvarlanmadığından emin olun. Kalan malzemelerle tekrarlayın, toplam 4 rulo yapın. Suşi rulolarını bir kenara koyun.

3. Küçük bir kapta aioli ve Sriracha'yı birlikte çırpın.

4. Her suşi rulosunu 8 parçaya bölün ve Sriracha aioli ile servis yapın. Suşi rulolarını ve aioli'yi 4 güne kadar buzdolabında hava geçirmez ayrı kaplarda saklayın.

### 24. kuşkonmaz rulo

İçindekiler

- Birkaç mızrak kuşkonmaz
- Susam yağı
- Soya sosu
- Pişmiş suşi pirinci
- Nori veya soya suşi sarmalayıcıları
- Füme Somon
- Yunan krem peynir
- sriracha sosu
- Doğranmış yeşil soğan
- Siyah susam tohumları

Talimatlar

1. Fırını önceden 400 F'ye ısıtın. Kuşkonmaz mızraklarını küçük bir fırın tepsisine koyun, üzerlerine bir çay kaşığı susam yağı gezdirin ve mızrakları hafif bir yağ tabakasıyla kaplamak için hafifçe fırlatın. Kuşkonmazın üzerine biraz soya sosu gezdirin. Kuşkonmazı yaklaşık 10 – 15 dakika ya da mızraklar yumuşayana kadar pişirin.
2. Kuşkonmaz piştiğinde, bir nori yaprağını, parlak tarafı alta gelecek şekilde, bambu veya silikonlu bir pişirme matının üzerine

koyun. Noriyi tamamen kaplayacak şekilde suşi pirinci ile kaplayın. Pirincin yapışmaması için parmaklarınızı suya batırın. İnce bir tabaka oluşturmak için pirinci nori üzerine bastırın. Parmaklarınızı tekrar ıslatın ve suyu kullanarak pirinci biraz ıslatın. Susam serpin ve sonra nori'yi ters çevirin, böylece nori üstte olur.

3. Nori tabakasının yaklaşık 1/3'ü kadar bir şerit dolgu yapın. Bir dilim somon füme, bir dilim kuşkonmaz, birkaç kibrit çöpü havuç, sonra küçük bir çiseleyen sriracha ve bir dilim krem peynir. Şeritleri yeşil soğanla serpin. Bu "içten dışa" bir rulo olduğundan, içinde nori olan suşiden biraz daha fazla dolgu kullanabilirsiniz.

4. Suşiyi, matı ve nori/pirinç tabakasını malzemelerin üzerine katlayıp aşağı ve kendinize doğru bastırarak sarın, ardından rulonun geri kalanını güzel bir silindir yapmak için bastırarak yavaşça döndürün.

5. Çok keskin, ıslak bir bıçak kullanarak suşiyi 1/2 - 3/4 inç kalınlığında dilimler

halinde kesin. İstediğiniz kadar tekrarlayın. Acı sevenler için wasabi, zencefil turşusu ve ekstra sriracha ile servis yapın.

## 25. boston rulo

## İçindekiler

**Suşi Pirinç için**
- 1 su bardağı suşi pirinci kısa taneli suşi pirinci
- 1 su bardağı su
- 1 ½ yemek kaşığı suşi sirkesi (isteğe bağlı) veya 1 yemek kaşığı pirinç sirkesi, 1/2 yemek kaşığı şeker ve 1/2 çay kaşığı tuzu karıştırarak
- Boston Suşi için
- 3-6 yemek kaşığı tobiko (veya masago)
- 6 oz. karides
- 1/2-inç şeritler halinde kesilmiş 1/2 salatalık
- 2 yaprak nori deniz yosunu yaprağı
- 2 avokado olgun ama yine de sert
- Sunum için İsteğe Bağlı:
- soya sosu
- wasabi ezmesi

## Talimatlar

1. Sushi Rice Pişirin: Pirinci yıkayın ve suyla birlikte pilav pişiriciye ekleyin. Piştikten sonra geniş bir kaba alıp biraz soğumaya bırakın. Hava hala çok sıcakken suşi

sirkesini (veya pirinç sirkesi, şeker ve tuz karışımı) ilave edin ve iyice karıştırın.
2. Poach Karides: Bir tencereye suyu kaynatın, ardından bir tutam tuz serpin. Karidesleri ekleyin, tencerenin kapağını kapatın ve ocaktan alın. Karidesler pişene kadar yaklaşık 3-5 dakika bekletin. Pişirme işlemini durdurmak için haşlanmış karidesleri bir kase buzlu suya aktarın. Süzün, karidesleri soyun ve kuyrukları çıkarın.
3. Boston Sushi Roll Yapın: Bambu hasırı üstüne bir parça plastik sargıyla yerleştirin (bu, temizliği kolaylaştıracak ve pirincin bambuya yapışmasını önleyecektir).
4. Nori yapraklarını ikiye katlayın ve bir makas kullanarak bölün.
5. Nori'nin yarısını matın altına doğru yerleştirin.
6. Nori tabakasının yarısını bambu hasırın üzerine yerleştirmek.
7. Ellerinizi hafifçe ıslatın ve yaklaşık 3/4 fincan pişmiş pirinç alın. Pirinci ince, düz bir tabaka halinde kenarlara doğru hafifçe yayın. Çok fazla baskı uygulamayın, aksi takdirde duygusal pirinç elde edersiniz.
8. Nori tabakasının üzerine pirinç yayılıyor.

9. Pirinci ve noriyi, pirinç altta ve nori yukarı bakacak şekilde çevirin.
10. Nori'nin üzerine karides, avokado ve salatalık koyun. Çok fazla dolgu eklemediğinizden emin olun, aksi takdirde rulonuz düzgün şekilde kapanmaz.
11. Nori tabakasının üzerine haşlanmış karides, avokado ve salatalık ekleyin.
12. Başparmaklarınızı bambu hasırın altına yerleştirin ve kenarı yukarı ve dolgunun üzerine kaldırın.
13. Bambu hasırı kendinizden uzağa doğru yuvarlayın ve sıkmak için biraz baskı uygulayın. Uçlar birleşene kadar yuvarlanmaya devam edin.
14. Bambu hasırı çıkarın ve tobikoyu rulonun üzerine yayın.
15. Suşi rulosuna tobiko eklemek.
16. Üstüne plastik sargı yerleştirin ve suşi matı ile örtün. Tobikoyu rulonun etrafına bastırmak için hafifçe sıkın.
17. Tobiko'nun üstüne bir parça plastik sargı yerleştirmek.
18. Plastik sargıyı tutarken bambu hasırı çıkarın. Ruloyu 8 lokmalık parçaya kesin. Plastik sargıyı her parçadan çıkarın. Servis yapın ve tadını çıkarın!

26. **çıtır rulo**

2 porsiyon için

İçindekiler

- 2 su bardağı su (480 mi)
- 1 çay kaşığı koşer tuzu, artı tadı daha fazla
- 1 su bardağı suşi pirinci (200 g), berrak su akana kadar durulanır
- 1 yemek kaşığı şeker
- ¼ bardak pirinç sirkesi (60 mL)
- 1 yemek kaşığı kanola yağı
- ⅓ su bardağı panko galeta unu (15 gr)
- ½ çay kaşığı biber, artı tadı daha fazla
- ¼ su bardağı mayonez (60 gr)
- 1 yemek kaşığı sriracha
- 16 oz. yengeç (455 g), 2 kutu, süzülmüş
- 1 Farsça salatalık, ince dilimlenmiş
- 4 turp, ince dilimlenmiş
- 2 yemek kaşığı nori, ince dilimlenmiş
- 1 demet yeşil soğan, biye üzerine ince dilimlenmiş
- 1 yemek kaşığı susam tohumu
- 2 yemek kaşığı turşu zencefil
- 1 avokado, doğranmış

**Talimatlar**

1. Küçük bir tencerede suyu bir tutam tuzla tatlandırın. Yüksek ateşte kaynamaya getirin. Yıkanmış pirinci ekleyin ve tekrar kaynatın. Örtün, altını kısın ve suyunu çekene ve pirinç yumuşayana kadar 20 dakika pişirin.
2. Küçük bir kapta şeker, tuz ve pirinç sirkesini karıştırın. 2 dakika veya şeker eriyene kadar mikrodalgada pişirin.
3. Pişmiş pirinci orta boy bir kaba aktarın ve üzerine sirke karışımını dökün, ardından tahta kaşıkla iyice karıştırın.
4. Kanola yağını orta-yüksek ısıda orta bir tavada ısıtın. Yağ parıldamaya başlayınca pankoyu ekleyin ve sık sık karıştırarak altın rengi kahverengi olana kadar 1-2 dakika pişirin. Tuz ve karabiberle tatlandırıp ocaktan alın.
5. Küçük bir kapta mayonez ve Sriracha'yı pürüzsüz olana kadar karıştırın.
6. Kaseleri birleştirmek için terbiyeli pirinci 2 servis kasesine bölün. Yengeç, çıtır

panko, salatalık, turp, nori, yeşil soğan, susam, zencefil turşusu ve avokado ile doldurun. En üste Sriracha mayonezini gezdirin.
7. Zevk almak!

## 27. Hawaii rulo

**İçindekiler**

- 1 paket Cauldron Sweet Ginger Organic Tofu, süzülmüş (marineyi saklayın) ve uzunlamasına dilimlenmiş
- 1 avokado, uzunlamasına dilimlenmiş
- $\frac{1}{4}$ ananas, uzunlamasına dilimlenmiş
- 1 kırmızı biber, çekirdekleri çıkarılmış
- 1-2 taze soğan
- 1 havuç, çok ince dilimlenmiş
- 2 yemek kaşığı kurutulmuş hindistan cevizi
- 4 yaprak nori yosunu

Pirinç için:

- 250 gr suşi pirinci, soğuk suda durulanmış
- 2 yemek kaşığı pirinç şarabı sirkesi
- 1 çay kaşığı pudra şekeri

Mango salsa için:

- $\frac{1}{2}$ mango, doğranmış
- 1 taze soğan, ince dilimlenmiş
- 1 kırmızı biber, çekirdekleri çıkarılmış ve ince dilimlenmiş
- 1 yemek kaşığı kıyılmış nane/kişniş

- ½ limon, suyu sıkılmış

Dip sos için:

- Kazan tatlı zencefilli tofu turşusu
- 2 yemek kaşığı yuzu suyu
- 1 çay kaşığı soya sosu

**Talimatlar**

1. Soğuk suyla tencereye pirinci ekleyin ve su bulanıklaşana kadar karıştırın. Süzün ve su berrak kalana kadar 3-5 kez tekrarlayın, 30 dakika bekletin.
2. Kalbur tavasını orta ateşte önceden ısıtın ve tofu, ananas ve avokadoyu yağla fırçalayın, ardından her iki tarafta 5 dakika ızgara yapın veya kızarana kadar bir kenara koyun.
3. Hindistan cevizini kuru bir tavada orta ateşte altın rengi olana kadar kavurun, kenara alın.
4. Pirinci süzün ve 390 ml taze su ekleyin ve kapağı açmamaya dikkat ederek yüksek ateşte kaynatın.

5. Isıyı azaltın ve 15 Dakika kaynatın, ardından ocaktan alın ve kapağı yerinde bırakarak 15 Dakika buharda bırakın.
6. Bu arada mangoyu, biberi, taze soğanı, otları ince ince doğrayın ve limon suyuyla süsleyin ve bir kenara koyun.
7. Tofu turşusu, yuzu suyu ve soya sosunu birlikte karıştırın ve bir kenara koyun.
8. Pirinç şarabı sirkesini ve şekeri karıştırın, ardından pişmiş pirinci tahta bir kürek/kaşıkla dikkatlice karıştırın.
9. Bambu suşi matını streç filme sarın, ardından ellerinizi ıslatın ve nemli bir bezle filme alın ve pirinci üstüne 1 cm kalınlığında bir dikdörtgen şeklinde bastırın. Nori tabakasını üstüne yerleştirin ve pirinci altına sığacak şekilde şekillendirin, üst kenardaki nori'nin en az 2 cm üzerinde pirinci sağlayın.
10. Bir kısmını üzeri için ayırarak tofu, ananas, avokado, biber, taze soğan ve havuçları nori'nin alt kenarından 2 cm yatay olarak yerleştirin.

11. Paspasın alt kenarını başparmaklarınızla kaldırın ve parmaklarınızla doldurmaya basarak alt kenarı yukarı ve dolgunun üzerine sarın ve streç film ve matın sıkışmadığından emin olun.
12. Suşiyi sıkın, ardından filmi çıkarın ve keskin bir ıslak bıçakla dikkatlice dilimlemeden önce kalan tofu, avokado ve ananas ile üstüne koyun ve kızarmış hindistancevizi, mango salsa ve daldırma sos ile servis yapın.

## 28. Las Vegas rulosu

## İÇİNDEKİLER

- 1 jalapeno biberi
- 1/4 Hass avokado
- 115 gram. taze somon
- 2 nori yaprağı
- 1 - 1 1/2 su bardağı terbiyeli suşi pirinci
- 2 yemek kaşığı Kewpie mayonez
- 1 su bardağı tempura hamuru ve kızartmak için sıvı yağ

## TALİMATLAR

1. Jalapeno biberini yıkayın, temizleyin ve tüm tohumları çıkarmak için uzunluğu boyunca ikiye bölün (sıcaklığı önlemek için akan su altında).
2. Jalapenoyu ince uzun şeritler halinde dilimleyin.
3. Avokadoyu uzun ince şeritler halinde kesin.
4. Somonu uzun çubuklar halinde kesin
5. Soğuk Japon tempura hamurunu hazırlayın.
6. Jalapeno'yu kaplayın ve kızartın, sonra bir kenara koyun.

haddeleme suşi

7. Yuvarlanan maki suşi ile ilgili videolu ayrıntılı kılavuza bakın veya basitçe, her bir nori yaprağını düz bir yüzey üzerinde bambu hasır üzerine yerleştirin.
8. Her rulo için yaklaşık 2/3 nori yaprağı ve 1/2 ila 3/4 fincan suşi pirinci kullanın. Nori yaprağını istediğiniz uzunlukta katlayın ve yırtın.
9. Suşi pirincini nori yüzeyine eşit şekilde yayın.
10. Tüm dolguları düzenleyin: tempura jalapeno, somon, avokado ve biraz Kewpie mayonez üzerine gezdirin. Mayoya hafif gitmeyi ve her iki uçta da 1/2 inç bırakmayı unutmayın. Bunu yapmak, yuvarlanırken mayonezin dışarı sızmasını önleyecektir.
11. Bunları hızla kaldırın, örtün, tutun, bastırın ve yuvarlayın.
12. Son olarak, her ruloyu tempura hamuruna batırın ve sıcak yağda 1-3 dakika veya istenen gevrekliğe kadar kızartın.
13. Isırık büyüklüğünde parçalara ayırmadan önce fazla yağın akması için parşömen kağıdına oturmalarına izin verin.

## 29. Aslan Kral Rulosu

## İçindekiler

- 8 oz Somon
- 5 yemek kaşığı Baharatlı Mayo
- 1 yemek kaşığı Kewpie Mayo
- 2 yemek kaşığı Unagi sosu
- 2 yemek kaşığı tobiko/masago balık yumurtası
- 2 yemek kaşığı kişniş - doğrayın
- 2 yaprak nori
- 1/4 orta boy avokado
- 1/2 mini/bebek salatalık
- 2 -4 adet kani/surimi veya 4 oz. pişmiş yengeç eti
- 1 su bardağı pişmiş ve terbiyeli suşi pirinci
- Elinizi ıslatmak için 1-2 yemek kaşığı sirke
- Garnitür olarak turşu zencefil

## Talimatlar

### Dilimleme

1. Avokado - uzunluğu boyunca dilimleyin
2. Salatalık - çekirdeği çıkarın, uzunluğu boyunca ince dilimleyin

3. yeşil soğan - İnce doğrayın
4. Somon - 45 derecelik bir açıyla ince dilimleyin (mümkünse)
5. Nori – isterseniz daha küçük ısırık büyüklüğünde rulo katlayın ve yırtın/kesin
6. Yengeç – ince uzun şeritler halinde doğrayın ve 1 yemek kaşığı mayonez ile karıştırın

**Rulo**

1. Bambu haddeleme matını plastik sargıyla sararak başlayın.
2. Yapışkanlığı önlemek için elinizi ıslatmak için 2 yemek kaşığı sirke ve suyla küçük bir kase doldurun.
3. Nori'yi düz tarafı aşağı gelecek şekilde kaplı bambu hasırın üzerine yerleştirin.
4. Elinizi sirke solüsyonuyla ıslatın, ardından nori'nin üzerine biraz pirinç toplayın.
5. Pirinci hafifçe yoğurun ve tüm nori yüzeyine yayın, püre haline getirmeyin.
6. pirinci yaymak
7. Noriyi ters çevirin (yani pirinç kaplı taraf şimdi plastiğe bakacak şekilde).
8. Nori'yi ters çevirin

9. Bir kaşık dolusu mayonez yengecini uzunluğu boyunca nori üzerine sürün, ardından salatalık ve avokado ekleyin.
10. Mayo-yengeç, salatalık ve avokado ekleyin
11. Şimdi merdane ile yuvarlayın, bu California rulosunun içini baharatlı hale getirecektir.

**suşi haddeleme**

1. Tüm uzunluğu kaplayacak şekilde California rulosunun üzerine somon sashimi yerleştirin.
2. Plastik sargıyı yerinde şekillendirmek için hafifçe yuvarlayın.
3. Somonu üstüne koyun ve yuvarlayın

**Pişirmek**

1. Fırını 400F'ye ısıtın
2. Plastik hala açıkken, rulolarınızı eşit parçalara ayırmak için keskin bir bıçak kullanın.
3. Ruloyu kes
4. Her bir parçayı dikkatlice açın ve somon tarafı yukarı bakacak şekilde hazır bir folyoya yerleştirin.

5. Açın ve folyoya yerleştirin
6. Baharatlı mayonez, unagi sosu ve 1 yemek kaşığı tobikoyu karıştırın.
7. Ruloyu kaplayacak kadar baharatlı mayonez ve unagi sosu dökün.
8. Ruloyu kaplamak için baharatlı mayonez ve unagi sos
9. Sosun dışarı sızmasını önlemek için folyoyu rulonun etrafına 4 tarafı yukarı katlayın.
10. Yaklaşık 5 dakika kavurun/fırınlayın, ardından kalan sosu dökün.
11. Mayonez tekrar köpürene kadar 3 dakika daha pişirin.
12. Biraz tobiko, yeşil soğan ile süsleyin ve hemen garnitürle servis yapın.

## 30. ıstakoz rulo

## İçindekiler

- 1/2 su bardağı Langostine Tails (dondurulmuş kullanıyoruz)
- 1 Yaprak Soya Kağıdı (3×7 inç)
- 1 yemek kaşığı Capelin Karaca (Masago)
- 1/4 salatalık
- 1/4 Avokado
- 2 yemek kaşığı Kewpie Mayo

## Talimatlar

1. Donmuşsa, Langostine kuyruklarını çözün ve fazla suyu sıkın. Langostine kuyruklarını gevşekçe 1/4 x 1/4 inç küpler halinde doğrayın ve küçük bir karıştırma kabına koyun.
2. Salatalığı ikiye bölerek iki yuvarlak yarı elde edin. Bir yarısını alın ve uzunlamasına kesin. Şimdi salatalığı aşağıda gösterildiği gibi her yarısından dörder çubuk yapacak şekilde dilimleyin.
3. Avokadoyu soyun ve uzun dilimler halinde kesin.

4. Langostine kuyruklarını içeren küçük karıştırma kabına Kewpie Mayo, Capelin Roe ekleyin ve iyice karıştırın.
5. Küçük bir kaseyi suyla doldurun. Ruloyu kapatmak için kullanacaksınız.
6. Soya Kağıdını alın ve yatay olarak yerleştirin. Langostine kuyruk karışımını ortasına, ardından aşırı doldurmamaya dikkat ederek salatalık ve avokado yerleştirin, aksi takdirde rulo yapışmaz.
7. Parmağınızı küçük su kabına batırın ve sizden uzaktaki en uzak kenarı ıslatın.
8. Yuvarlamak için, Soya Kağıdının size en yakın kenarını tutun, parmaklarınızla dolguları yerinde tutarak sıkı bir silindire yuvarlayın.
9. Keskin bir bıçak kullanarak ıstakoz rulosunu altı parçaya kesin ve tabağa alın. Soya Sosu ve wasabi ile afiyet olsun.

## 31. Oshinko rulo

### İçindekiler

- 2 su bardağı pişmemiş pirinç
- 1.9 su bardağı su
- 1 parça Kombu Kelp
- 4 yemek kaşığı pirinç sirkesi
- 2 yemek kaşığı şeker
- 2 çay kaşığı deniz tuzu
- 5 Nori yosun yaprağı ikiye kesilmiş
- 1/4 Oshinko turşusu Daikon
- 2 yemek kaşığı su veya pirinç sirkesi

### Talimatlar

1. Pişmemiş pirinci yıkayın ve yıkama suyunu tamamen boşaltın.
2. Yıkanmış pirinci su ve kombu yosunu parçasıyla birlikte bir pirinç ocağına koyun.
3. Pirinci pirinç pişiricinize göre pişirin.
4. Tüm suşi sirkesi bileşenlerini birleştirin ve pirinç pişirilirken şeker ve tuzun tamamen çözülmesine izin verin.
5. Pirinç piştiğinde, Kombu yosununu çıkarın ve pirinci büyük bir karıştırma kabına

veya (varsa) Hangiri ahşap küvete koyun ve suşi sirkesi ile birleştirin.

6. Suşi pirincini her birine 80 gr (1/2 su bardağı) bölün ve kurumaması için bir mutfak beziyle örtün.
7. Nori deniz yosunu yapraklarının uzun kenarlarını ortadan ikiye kesin.
8. Nori yosun yaprağını daha çıtır hale getirmek için orta ateşte geçirerek kızartın.
9. Oshinko salamura daikonunu, nori yapraklarının uzun kenarıyla aynı uzunlukta yaklaşık 0,2 inç (5 mm) kare çubuklar kesin.
10. Nori tabakasını bir bambu suşi sarma matının üzerine yerleştirin.
11. Önceden bölünmüş 1/2 fincan suşi pirincini, nori deniz yosununun tepesinde 0,6 inç (1,5 cm) kalacak şekilde eşit olarak dağıtın.
12. Oşinko turşusu daikonunu suşi pirincinin ortasına yerleştirin.
13. Nori yaprağının uzak kenarını parmak ucunuzla suşi sirkesi ile ıslatın.

14. Parmaklarınızı oshinko salamura daikonunun üzerine koyun, başparmağınız ve işaret parmağınızla bambu suşi sarma matının kenarlarını kaldırın ve nori yaprağının bir kenarını ve suşi pirincini suşi pirincinin diğer kenarına gelecek şekilde getirin.
15. Bambu suşi rulosunu ellerinizle suşi rulosunun üzerine sıkıca bastırın.
16. Malzemelerin geri kalanı için yukarıdaki işlemi tekrarlayın.
17. Her ruloyu keskin bir bıçakla altıya kesin. Bıçağı her kesim arasında iyice nemlendirilmiş bir mutfak beziyle temizleyin.
18. Suşi zencefil, wasabi ve küçük bir kase soya sosu ile servis yapın.

## 32.Seattle rulosu

VERİM: 8 yapar

İçindekiler

- 4 Yeşil Tay chili, saplı, iri kıyılmış
- 1 yemek kaşığı artı 1 çay kaşığı rendelenmiş soyulmuş taze zencefil
- 1 yemek kaşığı kavrulmuş susam
- 1 diş sarımsak, iri kıyılmış
- 1/2 çay kaşığı koşer tuzu artı baharat için daha fazlası
- 1/4 su bardağı ayçiçek yağı veya bitkisel yağ
- 2 çay kaşığı kızarmış susam yağı
- 1 çay kaşığı damıtılmış beyaz sirke
- 1 kiloluk sashimi dereceli sarı yüzgeçli ton balığı filetosu, 1/8 "küpler halinde kesilmiş
- 4 adet kızarmış kurutulmuş nori yaprağı, boyuna ikiye bölünmüş
- 1 1/2 bardak (yaklaşık) pişmiş kısa taneli pirinç, soğutulmuş
- Dilimlenmiş yeşil soğan, İngiliz serası veya Farsça salatalık, kişniş yaprakları ve frenk soğanı çiçekleri gibi çeşitli dolgular

**Talimatlar**

1. Biber, zencefil, susam, sarımsak ve 1/2 çay kaşığı tuzu bir mini işlemcide macun kıvamına gelene kadar püre haline getirin. Orta boy bir kaseye aktarın. Hem yağları hem de sirkeyi karıştırın. Sosu tuzla tatlandırın. Ton balığı ekleyin; sadece kaplamak için hafifçe fırlatın.
2. Nori yapraklarını kısa tarafı size bakacak şekilde bir çalışma yüzeyine yerleştirin. Her tabakanın alt üçte birlik kısmına yaklaşık 2 yuvarlak yemek kaşığı pirinci eşit şekilde yayın. Ton balığı karışımını pirinç üzerine kaşıkla rulolar arasında bölün. Dolgular ile üst. Kapatmak için "tutkal" olarak birkaç tane pişmiş pirinç kullanarak koni veya kütük şekillerine yuvarlayın.

## 33. Cilt rulosu

## İçindekiler

### Suşi pirinci

- 1 1/2 su bardağı kısa taneli suşi pirinci
- 1 1/2 su bardağı su
- 1 yemek kaşığı pirinç şarabı sirkesi
- 1 1/2 çay kaşığı şeker
- 1/4 çay kaşığı susam yağı
- 1 yemek kaşığı susam tohumu

### Somon Derisi Rulo

- 1/2 kiloluk somon derisi
- 1/2 çay kaşığı tuz
- 1 yemek kaşığı tamari (veya soya sosu)
- 1 yemek kaşığı esmer şeker
- 2 yemek kaşığı mirin
- 2 mini salatalık, jülyen doğranmış
- 1 avokado, dilimlenmiş
- 1 demet su teresi
- 4 ila 6 yaprak nori
- daldırma için wasabi ve soya sosu

## Talimatlar

### Suşi pirinci

1. Büyük bir kaseye pirinci ekleyin ve soğuk akan su altında döndürün ve nişastanın bir kısmını çıkarmak için 2 ila 3 kez durulayın. Bir pilav pişiriciye (veya düşük ateşte bir tencereye) pirinç ve su ekleyin ve su emilip pirinç yumuşayana kadar pişirin (ocakta yaklaşık 10 ila 12 dakika).
2. Pirinci büyük bir kaseye alın. Küçük bir kapta sirke, şeker ve susam yağını karıştırın ve ardından pirincin üzerine dökün ve susam tohumlarını serpin. Pirinci baharatlamak için dikkatlice karıştırın (pirinç tanelerini ezmemek için).

Somon Derisi Rulo

1. SOMON DERİLERİ: Somon derilerini durulayın ve iyice kurulayın. Parşömen kaplı bir tepsiye yayın, biraz tuz serpin ve gevrek ve altın rengi olana kadar 4 ila 7 dakika yüksek ateşte kızartın. Bir tel raf üzerinde tamamen soğutun ve ardından şeritler halinde kesin.

2. Yılan Balığı Sosu: Küçük bir tencerede tamari, esmer şeker ve mirin'i birleştirin. Şeker eriyene ve sos yarı yarıya azalıp koyulaşana kadar kısık ateşte ısıtın.
3. RULOLAR: Suşiyi birleştirin. Bir parça nori koyun ve pirincin üzerine ince bir tabaka halinde yayın. Bir kenar boyunca biraz somon kabuğu, salatalık, avokado ve tere koyun. Sıkıca sarın ve ardından ısırık büyüklüğünde parçalar halinde dilimleyin. Parçaları biraz yılan balığı sosuyla gezdirerek bitirin.
4. Alternatif olarak, pirinci üzerine koyarak, biraz susam serperek ve ardından malzemeleri nori tarafına eklemeden ve yuvarlamadan önce bir parça Clingfilm üzerine çevirerek bir içten dışa rulo yapabilirsiniz.

## 34. Kar

İçindekiler

- 2 önceden pişirilmiş kar yengeç bacağı
- 1-2 çay kaşığı temizlenmiş tereyağı
- (Ev yapımı) zencefilli salsa
- ½ avokado
- 120 gram (4 oz.) pişmiş beyaz suşi pirinci
- ½ yaprak Nori

Baharat

- Deniz tuzu
- Öğütülmüş karabiber

Süsleme

- baharatlı mayonez
- Masago karaca

Talimatlar

1. Bir kar yengeci bacağı alın ve parmaklarınızla eklem yerinden hafifçe ikiye bölün. Sert tendonları kesmek veya kesmek için makas kullanmanız

gerekmesine rağmen, oldukça kolay kırılmalıdır.
2. Dış iskeleti kesin. Yengeç etine zarar verme riskini en aza indirmek için tırnak makası kullanın. Bacağın alt tarafını kesin ve makasın et yerine dış iskeletten geçtiğinden emin olun. Aynısını ikinci yengeç bacağı için de yapın.
3. Her iki parça yengeç etini de kesme tahtasının üzerine koyun. Her bacağını hafifçe deniz tuzu ile baharatlayın. İyi, eşit kapsama sağlamak için bacakları çevirin. Tuzdan sonra aynı şeyi öğütülmüş karabiber ile yapın.
4. Bir kızartma tavasını önceden ısıtın ve bir veya iki çay kaşığı saf tereyağı ekleyin. Tereyağı eridikten sonra yengeç etini bir çift pişirme maşası kullanarak tavaya koyun. Hafifçe altın rengi olana kadar her iki tarafı birkaç dakika hafifçe kızartın. Yengeçleri tavadan çıkarmak için maşayı kullanın ve soğumaya bırakın.
5. Bir elek içine dört yemek kaşığı (ev yapımı) zencefilli salsa koyun.

6. Bir avokadoyu ortadan ikiye kesin ve çekirdek ile meyve arasına bir kaşık sokarak çekirdeğini çıkarın. Kabuğu çıkarın ve bir avokadoyu yarıya kadar kesme tahtasının üzerine koyun. Bir ila iki milimetre kalınlığında dilimler yapın. Temiz bir kesim için, dilimlerken sadece bıçağınızın ucunu kullanın.
7. Kurumasını önlemek için dilimlerin üzerine biraz limon suyu serpin. Bir cam kasede kenara koyun
8. Bir kesme tahtası üzerine uzunlamasına yarım yaprak nori koyun. 120 gram pişmiş beyaz suşi pirincini nemli ellerle tepsiye aktarın. Pirinci hafifçe kabartmak için parmaklarınızı kullanın ve dört kenara da eşit şekilde yayın.
9. Bambu merdaneyi kilitli bir poşetin içine koyun ve kesme tahtasının üzerine koyun. Nori tabakasını pirinç tarafı aşağı gelecek şekilde matın üzerine hızlıca çevirin. Norinin üzerine kaşıkla zencefilli salsa - yaprağın uzunluğu üzerinde inç genişliğinde bir şerit oluşturmaya yetecek

kadar. İki yengeç ayağını zencefilli salsanın üzerine koyun.

10. Başparmaklarınızı kullanarak, bambu hasırın size en yakın olan tarafını hızlıca yukarı kaldırın. Nori tabakasının üzerine kıvırın. Sıkı tutmak için parmaklarınızla üste baskı uygulayın. Suşi rulosunu paspastan çıkarın ve kesme tahtasının bir tarafına dikey olarak yerleştirin.

11. Bıçağın düz tarafıyla önceden kesilmiş avokado dilimlerini kesme tahtasına aktarın. Suşi rulosuna transfer kolaylığı için, bunları tahtaya paralel olarak yerleştirin. Avokado dilimlerini suşi rulonuzla aynı uzunlukta olana kadar parmaklarınızı kullanarak hafifçe havalandırın. Bunları bıçağın üzerine kaldırın ve eğik tutarak parmaklarınızı kullanarak rulonun üzerine hafifçe itin.

12. Yuvarlama matınızla kabaca aynı boyutta küçük bir dikdörtgen streç film kesin. Streç filmi suşi rulosunun üzerine yerleştirin ve merdane ile örtün. Daha önce olduğu gibi, avokadoyu ruloya bastırmak için parmaklarınızı kullanın.

Paspası çıkardığınızda avokado rulo şeklini almış olmalı. Değilse, bu adımı tekrarlayın, ancak avokadoyu ruloya sıkıştırmak için daha fazla basınç uygulayın.

13. Yuvarlanan matı çıkarın ancak streç filmi yerinde bırakın. Bıçağı biraz ıslatın ve suşi rulosunun her iki ucunu da kesin. Bu parçaları yiyin veya atın.

14. Bu rulodan altı parça çıkacaktır. Ruloyu önce ikiye, sonra her bir yarıyı üçe bölün. Streç filmi çıkarmadan önce dilimleri bir kez daha sertleştirmek için merdane kullanın.

15. Dilimleri 45 derecelik bir açıyla servis tabağına yerleştirin. Her dilime az miktarda baharatlı mayonez sıkın veya kaşıklayın. Güzel bir renk sıçraması için biraz masago karaca ile üstte.

## 35. Sörf ve Çim rulo

## İÇİNDEKİLER

- ½ yaprak Nori
- 115 gram. Suşi Pirinç, hazırlanmış
- 6 oz. Somon, üç 2 oz. parçalar
- 1 Kuşkonmaz, beyazlatılmış
- ⅙ Avokado, kamalara dilimlenmiş
- 1 ½ oz. Domuz Göbek, doğranmış ve gevrek olana kadar kızartılmış
- 1 ½ Yemek Kaşığı Chimichurri Aioli (¾ Yemek Kaşığı Chimichurri Sos, ¾ Yemek Kaşığı Mayonez)
- 1 Yemek Kaşığı Sriracha Aioli (½ Yemek Kaşığı Sriracha, ½ Yemek Kaşığı Mayonez)
- wasabi
- Zencefil, turşu

## TALİMATLAR

1. Yarım yaprak Nori'yi parlak tarafı alta gelecek şekilde kesme tahtası üzerine yerleştirin ve suşi pirincini deniz yosununu tamamen kaplayacak şekilde eşit şekilde yayın.

2. Pirinçli Nori'yi ters çevirin ve bir Sushi matının üzerine yerleştirin.
3. Nori'nin ortasına uzunlamasına somon, 3 avokado dilimi ve kuşkonmaz mızrağı yerleştirin.
4. Şekil vermek ve şekillendirmek için matı kullanarak yuvarlayın, 8 parçaya kesin.
5. Çıtır Domuz Göbeği ile tabak parçaları ve üst, Sriracha ve Chimichurri Aioli ile çiseleyin
6. Zencefil, Wasabi ve bir çift yemek çubuğu ile servis yapın.

## 36. Tempura rulo

Porsiyon 4

## İÇİNDEKİLER

**suşi pirinci için:**

- 2 su bardağı pişmemiş suşi pirinci
- 2 su bardağı su
- 2 yemek kaşığı pirinç sirkesi
- 2 yemek kaşığı şeker
- 1 1/2 çay kaşığı tuz

Suşi ruloları için:

- 4 yaprak nori
- 8 önceden pişirilmiş tempura karides
- 8 şerit salatalık
- 8 dilim avokado
- 3 yemek kaşığı siyah ve/veya beyaz susam

## TALİMATLAR

1. Pirinci bir kevgir içine koyun ve berrak su akana kadar durulayın.
2. Orta boy bir tencereye pirinci ve 2 su bardağı suyu ekleyin. Bir kaynamaya

getirin, kapaksız. Kaynamaya başlayınca altını kısın ve altını kapatın. 15 dakika pişirin. Tencereyi ısıdan çıkarın ve kapalı olarak 10 dakika bekletin.

3. Pirinç sirkesini, şekeri ve tuzu küçük bir kapta birleştirin ve mikrodalgada 20-30 saniye ısıtın. Pirinci büyük bir kaseye aktarın ve sirke karışımını ekleyin. Birleştirmek için iyice katlayın. Pirinci oda sıcaklığına soğumaya bırakın

4. Bir yaprak nori'yi düz bir yüzeye koyun ve yaklaşık 1/3-1/2 fincan pirinci nori'nin yüzeyi boyunca kenarlara kadar bastırın. Parmaklarınız hafif nemliyse bu en kolay yoldur.

5. Pirinçle kaplı nori'nin üzerine bir parça plastik sargı koyun ve deniz yosunu tarafı yukarı gelecek şekilde bir suşi sarma matının üzerine ters çevirin.

6. Nori'nin bir tarafına 2 karides, 2 şerit salatalık ve 2 dilim avokado yerleştirin.

7. Karides karışımına en yakın olan matın kenarını alın ve suşiyi sıkıca sarın.

8. Suşi rulosundaki pirincin içine yaklaşık 2 çay kaşığı susam tohumu bastırın.

9. Keskin bir bıçak kullanarak suşiyi dilimleyin ve hemen servis yapın.

## 37. Teksas rulosu

## İçindekiler

- 18 oz. krem peynir bloğu
- 1 yemek kaşığı Chipotle Tabasco Sos
- 3 adet pişmiş domuz pastırması (gevrek sahne, doğranmış)
- 3 adet Yeşil Soğan (doğranmış)
- 1 Yemek Kaşığı Doğranmış Siyah Zeytin
- Közlenmiş Karabiber (arzuya göre/isteğe bağlı)
- Un Tortillaları

## Talimatlar

1. Bir kapta, krem peyniri yumuşatmak ve parçalamak için karıştırın.
2. Yumuşatılmış krem peynire Chipotle Tabasco sosu ekleyin ve tamamen karışana kadar iyice karıştırın.
3. Daha sonra doğranmış pastırma, doğranmış yeşil soğan ve doğranmış siyah zeytinleri karıştırın.
4. Tatmak için kırık karabiber ekleyin.

5. Karışımdan 1-3 yemek kaşığı unlu tortillaya yayın ve ardından sıkıca sarın.
6. Keskin bir bıçak kullanarak, haddelenmiş tortillayı 6-8 "fırıldak" dilimler halinde dilimleyin. Uçları atın (veya yiyin!).
7. Suşiyi bir tabağa veya tabağa yerleştirin; plastik sargı ile örtün ve servis yapmaya hazır olana kadar soğutun.

## 38. Kaplan rulosu

- 2 büyük mango
- 4 adet iyi boy çilek
- 15 gram Agar Agar
- 160 ml su
- 1 gram keçiboynuzu sakızı
- 4 gram kalamar mürekkebi
- Birkaç tane pişmiş beyaz suşi pirinci
- ½ Bal kabağı

Suşi Rulo Malzemeler:

- ½ yaprak Nori
- 120 gram pişmiş ve terbiyeli suşi pirinci
- Sriracha acı sos
- Ev yapımı somon tartarı

## Talimatlar

1. Bir mango ayırıcı veya keskin bir bıçak kullanarak taşı ve çekirdeği mangodan ayırın. Daha sonra bir tatlı kaşığı kullanarak mangonun her iki yarısındaki posasını bir cam kaseye sıyırın. Cildi atın.
2. Mangoyu meyve sıkacağına ekleyin ve suyunun büyük bir plastik ölçüm

sürahisinde toplanmasına izin vererek işleyin.
3. 4-5 iri çileği yıkayıp 'kafalarını' keserek hazırlayın. Bunları da meyve sıkacağına ekleyin ve aynı ölçüm sürahisine işleyin. Bir kaşıkla meyve suyunu sıvı portakal rengine dönene kadar kısaca karıştırarak birleştirin.
4. Ayrı bir sürahide 160 ml soğuk suyu 2.4 gram Agar Agar ve 1 gram Locust Bean Gum ile karıştırın. El blenderi ile güzelce karıştırın. (Çırpmayın, çünkü bu, jelleri düzgün bir şekilde birleştirmeyecektir.)
5. Bir kez birleştirildiğinde, sürahiye 240 gram/ml mango ve çilek suyu ekleyin. Tam güçte bir kez daha birkaç saniye karıştırın. 100 ml sıvıyı ayrı bir plastik sürahiye dökün ve ilkini şimdilik bir kenara koyun.
6. Yeni sürahiye 4 gram kalamar mürekkebi ekleyin ve iyice karıştırın. Ardından, sürahinin içindekileri derin bir tencereye dökün. Sıvıyı hareket ettirmek için bir spatula kullanarak kaynatın. Bu

yapışmasını önleyecektir. Ocağın sıcaklığını azaltın ve 3 dakika pişirin.
7. Silikon matı veya streç film tabakasını plastik tepsinin üzerine yerleştirin. Bir kaşıkla, tüm yüzey alanını kaplayacak şekilde kalamar mürekkebinin kısa çizgilerini matın üzerine sürmeye başlayın. Jelin sertleşmesine izin vermek için en az 30 dakika soğutun.

**kaplan sanatı:**

1. Beklerken mango ve çilek suyu karışımı için kaynatma/kaynama işlemini tekrarlayın ve soğumaya bırakın.
2. Kalamar mürekkebi şeritleri ayarlandıktan sonra tepsiyi buzdolabından çıkarın. Bu aşamada matı kaldırmayın. Tencerenin tüm içeriğini matın üzerine dökün, karışımın mümkün olduğunca yayılmasını sağlayın. Gerekirse, sıvının matın tamamını ince, eşit bir tabaka halinde kaplamasını sağlamak için tepsiyi kaldırın ve eğin.
3. 60 dakika daha soğutun.

**Mango kaplan sanatını bitirmek**

1. Keskin bir bıçak kullanarak balkabağının ucunu kesin. Yarıya bölün ve tohum ucunu atın.
2. Kabuğu bozulmamış halde, balkabağını büyük bir kaynar su tenceresine koyun. Kapak açıkken yaklaşık 5 dakika veya etler yumuşayıncaya kadar pişirin.
3. Kabağı tavadan çıkarın. Soğuduktan sonra, bıçağınızı veya sebze soyucunuzu kullanarak kabuğun derisini çıkarmaya başlayın. Kabağı uzunlamasına ikiye kesin ve yarısını atın.
4. Kalan balkabağı parçasını düz tarafı aşağı bakacak şekilde doğrama tahtanızın üzerine yerleştirin. Yaklaşık 2,5 cm (1 inç) kalınlığında bir parça kesin ve atın.
5. Kabağı, kavisli kenarı size bakacak şekilde bir ucuna çevirin. Sağ tarafta, soyma bıçağınızla kenardan yaklaşık 1,5-2 cm içeride 45 derecelik bir 'yarık' yapın. Bu, önce düz, aşağı doğru bir kesi, ardından 45 derecelik bir açıyla bir kesi yaparak en kolay şekilde yapılır. Sol taraf için

tekrarlayın ve bıçağınızın ucuyla kabak şeridini hafifçe gevşetin.

6. Bıçak düzken, derinlik yanılsaması yaratmak için kulakların arasından bir kabak şeridi çıkarın. Her kulağın dış kenarı için tekrarlayın.

7. Bıçağınızı sağ elinize, kafa şeklinin dış kenarına getirin. Baskı uygulayarak, yüzü oluşturacak yuvarlak bir bölümü oymaya başlayın. Alttan yaklaşık 1 cm uzakta durun. Bıçağınızı dış kenardaki bu nokta ile hizalayın ve pati profilini oluşturmak için yatay bir kesim yapın. Sol tarafta tekrarlayın.

8. Kaplanın kafasını iyileştirmek için, önce 'yüz' önünüzde olacak şekilde konumlandırın. Başın önünden yaklaşık 1,5 cm uzakta, bıçağı kendinize doğru ve aşağı getirerek 45 derecelik bir kesim yapın. Bıçak, kabaca pençelerin ana hatlarının başladığı yerde durmalıdır. Biraz fazla eti tıraş ederek kulakları daha fazla tanımlayın - yine bıçakla 45 derecelik açıyla.

9. Ardından, pençelerin etrafında daha fazla tanım oluşturmak isteyeceksiniz. Bunu yapmak için, çenenin her iki tarafında (çene ve pençe arasında) 45 derecelik bir üçgen kesin. Bu aynı zamanda çene hattını daha doğal bir şekilde inceltecektir. Kesme tahtasından 'ayırmak' için çenenin alt kısmından dikey bir bölüm kesin.
10. Ağzı oymak için, bıçağınızın ucunu sol patinin üst kısmıyla hizalayın ve kaplanın yüzünü yatay olarak takip edin. Ardından bıçağı aşağı ve diğer tarafa getirin, baş aşağı bir yay çizin. Bıçağınızın ucunu kullanarak şeklin içindeki eti nazikçe çekin.
11. Kaplan formunu bir elinizde tutarak, diş yuvaları oluşturmak için bıçağın ucunu her iki taraftaki ağzın çatısına sokun. Son olarak, gözler için iki eşit boyutlu girinti oluşturun. Her birinin derinliği bir pirinç tanesi içerecek kadar yeterli olmalıdır.
12. Son olarak, arka bacakları oluşturmak için kalan kabak parçasından iki benzer pençe profili kesin.

**Suşi Rulosu Oluşturma**

1. Mango jel tabakasını buzdolabından çıkarın ve tepsiye geri koyun. Temiz, keskin bir bıçakla, levhadan kabaca yarım yaprak Nori büyüklüğünde dikdörtgen bir parça kesin. Bıçağınızın ucuyla bölümü yukarı kaldırın, ardından parmaklarınızla her iki köşeyi de tutun. 'Deriyi' paspastan yavaşça soyun. Suşi rulosunu oluştururken düz bir tabağa koyun.
2. Doğrama tahtanızın üzerine yarım yaprak Nori koyun. Nemli parmaklarla 120 gram pişmiş beyaz suşi pirincini tepsiye aktarın. Nori tabakasının tüm yüzey alanını kaplayacak şekilde parmaklarınızı kullanarak pirinci kabartın.
3. Nori tabakasını, pirinç tarafı aşağı bakacak şekilde bir bambu rulo matın üzerine çevirin. Nori yaprağının orta uzunluğu boyunca iki cömert Sriracha sosu şeridini sıkın. Ardından, Sriracha sos şeritlerini kaplayacak şekilde somon tartarını kaşıklayın.
4. Parmaklarınızı tartar şeridi boyunca konumlandırın ve başparmaklarınızla

bambu merdaneyi yukarı kaldırın. Matı kıvırın, içindekileri yerinde tutmak için sürekli basınç uygulayarak suşi rulosunu yuvarlamaya başlayın. Yuvarlandıktan sonra, ruloyu kapatmak için daha fazla basınç uygulayın.

5. Suşi rulosunu streç film ile kaplayın. İçeriği 'sıkılaştırmak' için bir kez daha bambu sarma matını kullanın. Daha sonra nemli bir bıçakla rulonun dağınık uçlarını kesin. Kalan parçayı sekiz eşit parçaya kesin. Streç filmi geçici olarak çıkarmadan önce merdaneyi kullanarak bir kez daha sıkılaştırın.

6. Turuncu jel tabakasını suşi rulosunun üzerine mümkün olduğunca düz bir şekilde yerleştirin. Ruloyu bir kez daha streç filmle kaplayın ve bambu sarma matını kullanarak "deriyi" rulonun üzerine sıkıştırın. Streç filmi çıkarıp atın.

7. Suşi rulo parçalarını, gövdeyi oluşturmak için yan yana hizalayarak dikdörtgen bir suşi tabağına aktarın. Kafayı suşi rulosunun önüne ve bacakları arkanın her iki yanına yerleştirin. İltifat etmek için

küçük bir ramekin Soya Sosu ile servis yapın.

## 39. Unagi rulo

## İçindekiler

- 3 dilim unagi / ell
- salatalık, sopa gibi kesilmiş
- 1 çubuk taklit yengeç eti, yarı uzun kesilmiş
- 1 adet nori / deniz yosunu kağıdı
- avokado dilimleri
- Suşi pirinci
- pirinç sirkesi
- Susam tohumu
- masago / balık yumurtası
- unagi sosu

## Talimatlar

1. Suşi pirincini pirinç sirkesi ile karıştırın
2. Nori'yi suşi matının üzerine koyun
3. Üst nori üzerine suşi pirinci basın
4. Susam tohumu ve masago serpin, hepsinin suşi pirincinin üzerinde olmasına dikkat edin.
5. Nori'yi diğer tarafa çevirin, salatalık, avokado, yengeç eti ve unagi koyun
6. Nori'nin sonuna kadar yuvarlayın

7. 8 parçaya kesin
8. unagi sos ile yiyin

### 40. sarı kuyruklu rulo

## İçindekiler

- 1½ fincan suşi pirinci, pişmiş ve
- 3.3 oz. sashimi dereceli sarıkuyruk
- 1 yaprak nori (deniz yosunu)
- 3 yemek kaşığı yeşil soğan/yeşil soğan
- soya sosu
- wasabi
- kırmızı zencefil turşusu (beni shoga veya kizami beni shoga)
- Tezu (sirkeli elle daldırılmış su):
- 2 çay kaşığı pirinç sirkesi
- ¼ su bardağı su

## Talimatlar

1. Sarıkuyruğu 1/4 inç küpler halinde kesin ve daha küçük parçalar halinde doğrayın.

2. Plastik kaplı bambu hasırın üzerine parlak tarafı alta gelecek şekilde bir yaprak nori yerleştirin. Parmaklarınızı tezuda ıslatın ve 3/4 su bardağı pirinci nori yaprağına eşit şekilde yayın.

3. Doğranmış sarıkuyruğun yarısını nori yaprağının alt ucuna yerleştirin.

4. Nori yaprağının kenarını bambu hasırın alt ucuna hizalayın. Dolguları parmaklarınızla yerinde tutarken bambu hasırın alt kenarını tutun, sıkı bir silindire yuvarlayın. Bambu hasırın kenarını kaldırın ve mat üzerinde hafif bir baskı uygulayarak ileri doğru yuvarlamaya devam edin.

5. Çok keskin bir bıçakla ruloyu ikiye bölün ve ardından her bir yarıyı 3-4 parçaya bölün. Bıçağı birkaç dilimde bir nemli bir bezle temizleyin. Suşiyi zencefil turşusu, wasabi ve soya sosuyla servis edin.

# VEGAN SUŞİ

## 41. Vegan dinamit ruloları

Verim: 4 rulo

İÇİNDEKİLER

PİRİNÇ SUŞİ İÇİN

- 1 su bardağı suşi pirinci
- 1 su bardağı su
- 1 çay kaşığı pirinç sirkesi
- 1 çay kaşığı şeker
- 1/2 çay kaşığı tuz

KRAL İSTİDYE MANTAR İÇİN

- 2 su bardağı doğranmış kral istiridye mantarı, yaklaşık 20 dakika ılık suda ıslatılmış
- 1 TB Ener-G ile çırpılmış 1/2 su bardağı su
- 1 su bardağı mısır nişastası, gerekirse daha fazla
- bol kanola, sebze veya üzüm çekirdeği yağı

DİNAMİT SOS İÇİN

- 1/2 su bardağı vegan mayonez
- 1 TB sriracha, tadı

MONTAJLAMA

- 4 adet kızarmış nori yaprağı
- 4 TB çörek otu (isteğe bağlı)
- 1 avokado, dilimlenmiş
- süslemek için doğranmış taze soğan

TALİMATLAR

1. Suşi pirincini yapmak için pirinci ve suyu bir pirinç ocağına koyun ve üreticinin talimatlarına göre pişirin. Piştikten sonra pirinç sirkesi, şeker ve tuz ile tatlandırın ve soğumaya bırakın.
2. Mantarları yapmak için, orta-yüksek sıcaklıkta küçük, ağır bir hollandalı fırına veya dökme demir tencereye birkaç inç yağ koyun. Yağın hazır olması 5-7 dakika sürer. Beklerken doğranmış mantarların dörtte birini Ener-G karışımına atın ve kaplamak için atın.
3. Fazla nemi silkeleyin, ardından mısır nişastasının içine koyun ve ellerinizle hafifçe savurun.
4. Bir tutam mısır nişastası atarak yağın hazır olup olmadığını test edin. Hemen cızırdaırsa, kızartmaya hazırsınız.

Mantarlardaki fazla mısır nişastasını silkeleyin ve bir kepçe kullanarak hafifçe yağın içine indirin ve 3 dakikadan fazla olmayacak şekilde altın kahverengi olana kadar kızartın. Kızartılmış mantarları bir kağıt havluya aktarın ve işlemi mantarların geri kalanıyla gruplar halinde tekrar edin.

5. Ruloları birleştirmek için soğutulmuş pirinci 4 parçaya bölün. Bir suşi matını büyük bir Ziploc torbaya kaydırın veya plastik sargıyla örtün. Bir yaprak noriyi parlak tarafı alta gelecek şekilde matın üzerine yerleştirin. Pirincin yapışmasını önlemek için parmaklarınızı biraz suyla nemlendirin, ardından pirinci nori tabakasının üzerine eşit bir şekilde yayın ve üstte yaklaşık bir inç açıkta bırakın. İstenirse, bir yemek kaşığı susam serpin.

6. Kızarmış mantarları 4 parçaya bölün. Eşit şekilde kaplanana kadar bir porsiyon dinamit sosu gezdirin. Açıkta kalan ucu sizden uzaktayken, birkaç dilim avokado ekleyerek, size en yakın taraf boyunca birkaç mantardan ince bir çizgi

oluşturun. Suşiyi kendinizden uzaklaştırın, matı sıkıca ama nazikçe kavrayın.

7. Yuvarlandıktan sonra, ucu suyla kapatın veya sızdırmazlığa yardımcı olmak için ucuna birkaç tane pirinç ekleyin. Şimdi suşiyi çok keskin bir bıçakla ikiye bölün (daha temiz bir kesim için bıçağı kaynar su altında çalıştırıyorum), sonra her bir yarıyı yarıya, sonra bu yarıları 8 parça yapmak için yarıya bölün. Servis tabağına alın, kalan mantarları üzerine yayın.

8. 4 rulo yapmak için bu işlemi tekrarlayın. İstenirse doğranmış yeşil soğan ve ekstra sriracha ile bitirin.

## 42. Avokado Salatalık Suşi Rulo

4 kişilik

İçindekiler

Suşi pirinci

- 1 su bardağı kısa taneli kahverengi pirinç, iyice durulanmış
- 2 su bardağı su
- 2 yemek kaşığı pirinç sirkesi
- 1 yemek kaşığı şeker
- 1 çay kaşığı deniz tuzu

Rulolar için:

- 1 salatalık, uzun şeritler halinde dilimlenmiş
- 1 olgun mango, dikey şeritler halinde dilimlenmiş
- 1 avokado, dilimlenmiş
- ⅓ fincan mikro yeşillik, isteğe bağlı
- 2 yemek kaşığı susam, isteğe bağlı
- 4 nori yaprağı

Birlikte servis edin

- tamari veya ponzu sosu

**Talimatlar**

1. Suşi pirincini yapın: Orta boy bir tencerede pirinci, suyu ve zeytinyağını birleştirin ve kaynatın. Örtün, ısıyı azaltın ve 45 dakika pişirin. Pirinci ateşten alıp üzerini örtüp 10 dakika daha bekletin. Bir çatalla kabartın ve pirinç sirkesi, şeker ve tuzu ilave edin. Kullanıma hazır olana kadar örtün.

2. Suşi rulolarını toplayın: Elleriniz yapışacağı için çalışma alanınızın yakınına küçük bir kase su ve bir mutfak havlusu koyun. Bir nori yaprağını parlak tarafı alta gelecek şekilde bir bambu hasırın üzerine yerleştirin ve bir avuç pirinci yaprağın alt üçte ikilik kısmına bastırın. Pirincin dibine soslarınızı yerleştirin (resme bakın). Aşırı doldurmayın yoksa yuvarlanması daha zor olacaktır. Nori'yi sıkıştırmak ve yuvarlamak için bambu hasır kullanın. Yuvarlandıktan sonra, ruloyu hafifçe bastırmak ve şekillendirmek için bambu hasır kullanın. Ruloyu yanlara, kesik tarafı aşağı gelecek

şekilde yerleştirin. Kalan rulolarla tekrarlayın.

3. Suşiyi kesmek için keskin bir şef bıçağı kullanın. Kesikler arasında bıçağı nemli bir havluyla silerek temizleyin.

4. Kullanıyorsanız, tamari veya ponzu sosu ve hindistancevizi fıstık sosu ile hemen servis yapın.

## 43. Shiitake mantarlı rulo

İÇİNDEKİLER

- 1 su bardağı suşi pirinci
- 2 su bardağı su
- 1 TB pirinç sirkesi
- 1 TB şeker
- 1/2 TB tuz
- 5-7 büyük kuru shiitake mantarı, çok sıcak suda 30 dakika ile bir saat arasında ıslatılır
- 1 1/2 çay kaşığı Ener-G, 5 TB suyla çırpılmış
- 1 su bardağı mısır nişastası (kızartmadan birkaç saat önce dondurucuda saklanır)
- sebze yağı
- 2 nori yaprağı
- 1-2 TB Vegenaise ile karıştırılmış 1-2 TB sriracha
- servis için ezilmiş kırmızı biber, zencefil turşusu ve soya sosu

**Talimatlar**

1. Pirinci bol soğuk suda yaklaşık 30 dakika bekletin. Taze soğuk su altında iyice

durulayın ve 2 bardak su ile bir pirinç ocağına koyun.
2. Pirinç hazır olduğunda, pirinç sirkesini, şekeri ve tuzu büyük bir cam kaseye koyun ve 10-15 saniye mikrodalgada bekletin. Pişmiş pirinci cam kaseye aktarın ve iyice karıştırın. Kenara koyun.
3. Küçük bir tencerede, orta-yüksek sıcaklıkta birkaç inç yağı ısıtın. Mantarları süzün ve soyun ve şeritler halinde kesin. Yağ hazır olduğunda (bir tutam mısır nişastasını yağın içine damlatarak test edin - hemen kabarırsa, kızartmaya hazırsınız demektir), birkaç mantar dilimini Ener-G karışımına daldırın, ardından bazılarını kaplayın. Mısır nişastası. 1-2 dakika kızartın ve boşaltmak için birkaç kağıt havlu üzerine koyun.
4. Bir suşi matının üzerine bir nori yaprağı (parlak tarafı aşağı gelecek şekilde) yerleştirin. Bir suşi küreği kullanarak, tabakanın üzerine eşit bir pirinç tabakası yayın. Parmaklarınızı kullanarak, pirinci parmaklarınıza yapışmasını önlemek için

yakındaki küçük bir su kabını kullanarak eşit şekilde dağıtın.

5. Mantarların yarısını nori yaprağının en kısa ucuna yerleştirin. İstenen miktarda sriracha-Vegenaise karışımını gezdirin ve mümkün olduğunca sıkı tutarak yavaşça ve dikkatlice sarın. Çok keskin bir bıçak kullanarak ruloyu ikiye kesin ve sekiz rulo olana kadar tekrarlayın.
6. Turşu zencefil ve soya sosu ile servis yapın.

## 44. Baharatlı "ton balığı" doldurma Suşi

İÇİNDEKİLER

"TUNA" TABAN İÇİN

- 1/2 c. ay çekirdeği, 1-2 saat ıslatılmış, süzülmüş ve durulanmış

SOSU İÇİN

- 1/2 c. kaju fıstığı, 1-2 saat ıslatılmış, süzülmüş ve durulanmış
- 1/4 c. limon suyu
- 1/2 nori yaprağı, kırılmış
- 1 yemek kaşığı Dijon hardalı
- 1 yemek kaşığı Sriracha sosu
- 1/2 jalapeno, çekirdekleri alınmış
- 1/2 çay kaşığı soğan tozu
- 1/4 çay kaşığı deniz tuzu
- 1/4 c. su

Talimatlar

1. Bir mutfak robotunda, ayçiçeği tohumlarını düzgün bir şekilde doğranana kadar birkaç kez öğütün. Kenara koyun.
2. Yüksek hızlı bir karıştırıcıda, sos için su hariç her şeyi içine koyun. Karışım. Sos tamamen pürüzsüz olana kadar suyu

yavaş yavaş ekleyin. Lezzet için tat. Daha baharatlı olmasını istiyorsanız, daha fazla Sriracha ekleyin. Tuza ihtiyacı varsa, biraz ekleyin vb.

3. Sosu, tamamen karışana kadar ayçiçeği tohumu karışımıyla birleştirin.

### 45. Havuç lox ve avokado suşi

## İÇİNDEKİLER

### PİRİNÇ SUŞİ İÇİN

- 1 su bardağı suşi pirinci
- 1 su bardağı su
- 1 çay kaşığı pirinç sirkesi
- 1 çay kaşığı şeker
- 1/2 çay kaşığı tuz

### DOLGU İÇİN

- 1 su bardağı hazır havuç lox
- 1 TB vegan mayonez
- 1 TB ila 1 çay kaşığı sriracha
- ½ avokado, dilimlenmiş
- 4 adet kızarmış nori yaprağı

**Talimatlar**

1. Suşi pirincini yapmak için pirinci ve suyu bir pirinç ocağına koyun ve üreticinin talimatlarına göre pişirin. Piştikten sonra pirinç sirkesi, şeker ve tuz ile tatlandırın ve soğumaya bırakın.
2. Dolguyu yapmak için hazırlanan vegan lox'u vegan mayonez ve sriracha ile birleştirin.

3. Ruloları birleştirmek için soğutulmuş pirinci 4 parçaya bölün. Bir suşi matını büyük bir Ziploc torbaya kaydırın veya plastik sargıyla örtün. Bir yaprak noriyi parlak tarafı alta gelecek şekilde matın üzerine yerleştirin. Pirincin yapışmasını önlemek için parmaklarınızı biraz suyla nemlendirin, ardından pirinci nori tabakasının üzerine eşit bir şekilde yayın ve üstte yaklaşık bir inç açıkta bırakın.
4. Lokumu 4 parçaya bölün. Açıkta kalan ucu sizden uzaktayken, size en yakın taraf boyunca ince bir çizgi oluşturun ve birkaç dilim avokado ekleyin. Suşiyi kendinizden uzaklaştırın, matı sıkıca ama nazikçe kavrayın. Yuvarlandıktan sonra, ucu suyla kapatın veya sızdırmazlığa yardımcı olmak için ucuna birkaç tane pirinç ekleyin. Şimdi suşiyi çok keskin bir bıçakla ikiye bölün (daha temiz bir kesim için bıçağı kaynar su altında çalıştırıyorum), sonra her bir yarıyı yarıya, sonra bu yarıları 8 parça yapmak için yarıya bölün.

5. 4 rulo yapmak için işlemi tekrarlayarak servis tabağına yerleştirin. Dilerseniz soya sosu, wasabi ve zencefil turşusu ile servis yapın.

## 46. Kahverengi Pirinç Sebzeli Rulo

İçindekiler

4 Porsiyon

- 1 1/2 fincan kahverengi basmati pirinci
- 1 yemek kaşığı pirinç sirkesi
- 4 nori yaprağı
- 1 şeritler halinde kesilmiş salatalık ingilizcesi
- 1 1/2 yemek kaşığı susam
- 3 1/2 su bardağı su
- 1 yemek kaşığı bal
- 3/4 gr avokado
- 8 gr marul yaprağı
- 1 su bardağı havuç

**Talimatlar**

1. Bu lezzetli tarifi hazırlamaya başlamak için pirinci iyice durulayın ve 30 ila 45 dakika veya suyu kaybolana kadar kısık ateşte kaynatın. Pişmiş pirinci 10 dakika dinlenme süresi verin.
2. Bu arada orta boy bir karıştırma kabında pirinç sirkesi ve balı karıştırın. Pişmiş pirinci (1. Adım) bu karışıma aktarın ve

pirinç taneleri iyice kaplanana kadar iyice çırpın.

3. Ruloları veya suşileri hazırlamak için bir nori yaprağı alın ve pişmiş pirinci eşit şekilde tepsiye yayın. Pirincin içine 2 yaprak marul, ardından avokado, havuç ve salatalık koyun. Biraz kızarmış susam serpin. Şimdi çok dikkatli bir şekilde kağıdı rulo haline getirin ve tüm malzemelerin düzgün bir şekilde sıkıştığından emin olun. Sonuna kadar yuvarlamaya devam edin. Diğer ruloları hazırlamak için işlemi tekrarlayın.

4. Şimdi, bir bıçak kullanarak, bu şekilde oluşan ruloları istediğiniz büyüklükte kesin ve en sevdiğiniz sos ve turşularla servis yapın.

### 47. Vegan tarak rulo

İÇİNDEKİLER

- 3/4 su bardağı suşi pirinci, 30 dakika soğuk suda ıslatılmış
- 1 1/2 su bardağı su
- 1 TB pirinç sirkesi
- 1 TB şeker
- 1/2 TB tuz
- kızartmak için bol sıvı yağ
- 4 düz, orta boy kral istiridye mantarı sapı, yaklaşık bir saat ılık suda ıslatılmış
- 1 1/2 çay kaşığı Ener-G, 5 TB soğuk suyla çırpılmış
- 1/2 su bardağı mısır nişastası
- 1/4 su bardağı panko galeta unu
- 4 adet kızarmış nori yaprağı
- Susam taneleri
- 4 TB Vegenaise 1 çay kaşığı ile 1 TB sriracha ile karıştırılmış, tadına göre

- soya sosu

- vegan havyar

- bezelye sürgünleri veya filizleri

**Talimatlar**

1. Pirinç 30 dakika suda beklettikten sonra taze soğuk su altında iyice durulayın ve 1 1/2 su bardağı su ile birlikte bir pirinç ocağına koyun. Pirinç hazır olduğunda, pirinç sirkesini, şekeri ve tuzu büyük bir cam kaseye koyun ve 10-15 saniye mikrodalgada bekletin. Pişmiş pirinci cam kaseye aktarın ve iyice karıştırın. Kenara koyun.

2. Yağı orta-yüksek ateşte küçük bir tencerede ısıtın. 7 dakika sonra içine bir tutam mısır nişastası atın. Hemen cızırdaırsa, kızartmaya hazırsınız.

3. Mantar saplarını Ener-G/su karışımına yerleştirin, ardından iyice kaplanana kadar panko/mısır nişastası karışımında yuvarlayın. Herhangi bir fazlalığa dokunun. Her parçayı ayrı ayrı yaklaşık 2

dakika kızartın ve süzüp soğuması için kağıt havluların üzerine koyun.

4. Suşinizi yuvarlayın, sriracha-Vegenaise sosunun bir kısmını mantarın yanında düz bir çizgide kaşıklayın. Soya sosuyla servis yapın ve istenirse vegan havyar ve bezelye filizleri veya filizlerle süsleyin.

## 48.Çıtır enoki mantarlı rulo

Verim: 4 rulo

İÇİNDEKİLER

PİRİNÇ SUŞİ İÇİN

- 1 su bardağı suşi pirinci
- 1 su bardağı su
- 1 çay kaşığı pirinç sirkesi
- 1 çay kaşığı şeker
- 1/2 çay kaşığı tuz

ENOKİ MANTARLARI İÇİN

- 8 parçaya bölünmüş 7 ons enoki mantarı demeti (tabanı sağlam tutun)
- 1 su bardağı su
- 2 TB Enerji-G
- 1 su bardağı mısır nişastası, gerekirse daha fazla
- bol kanola, sebze veya üzüm çekirdeği yağı

MONTAJLAMA

- 4 adet kızarmış nori yaprağı
- 4 TB beyaz susam tohumu (isteğe bağlı)
- 4 TB vegan mayonez
- 4 TB sriracha
- 8 şiso yaprağı
- 1 TB siyah susam, süslemek için

**Talimatlar**

1. Suşi pirincini yapmak için pirinci ve suyu bir pirinç ocağına koyun ve üreticinin talimatlarına göre pişirin. Piştikten sonra pirinç sirkesi, şeker ve tuz ile tatlandırın ve soğumaya bırakın.

2. Mantarları yapmak için, orta-yüksek sıcaklıkta küçük, ağır bir hollandalı fırına veya dökme demir tencereye birkaç inç yağ koyun.

3. Beklerken su ve Ener-G'yi küçük, sığ bir kapta çırpın, ardından enoki

parçalarından ikisini karışıma atın ve kaplamak için atın. Fazla nemi silkeleyin, ardından mısır nişastasının içine koyun ve ellerinizle hafifçe savurun.

4. Bir tutam mısır nişastası atarak yağın hazır olup olmadığını test edin. Hemen cızırdaırsa, kızartmaya hazırsınız. Mantarlardaki fazla mısır nişastasını silkeleyin (bkz. yukarıdaki Şekil 1) ve bir kepçe kullanarak hafifçe yağın içine indirin ve ara sıra yağda çevirerek yaklaşık 3 dakika kızartın.

5. Kızarmış mantarları bir kağıt havluya aktarın ve hemen biraz tuz serpin ve işlemi mantarların geri kalanıyla birlikte gruplar halinde tekrarlarken süzülmesine izin verin.

6. Ruloları birleştirmek için soğutulmuş pirinci 4 parçaya bölün. Bir suşi matını büyük bir Ziploc torbaya kaydırın veya plastik sargıyla örtün. Bir yaprak noriyi parlak tarafı alta gelecek şekilde matın üzerine yerleştirin. Pirincin yapışmasını önlemek için parmaklarınızı biraz suyla

nemlendirin, ardından pirinci nori tabakasının üzerine eşit bir şekilde yayın ve üstte yaklaşık bir inç açıkta bırakın. İstenirse, bir yemek kaşığı susam serpin.

7. Sriracha ve mayonezi birlikte karıştırın. Bir çorba kaşığı sostan pirincin size en yakın olan ucuna gelecek şekilde yerleştirin. (Yukarıdaki Şekil 2'ye bakın.) Rulonun her iki ucuna bir şiso yaprağı yerleştirin.

8. Mantarın ucundaki sert tabanı dilimleyin, ardından nargile yaprağını üst üste gelecek şekilde 2 enoki parçasını uçlarına yerleştirin. (Yukarıdaki Şekil 3'e bakın.) Matı sıkıca ama nazikçe tutarak suşiyi kendinizden uzağa doğru yuvarlayın.

9. Yuvarlandıktan sonra, ucu suyla kapatın veya sızdırmazlığa yardımcı olmak için ucuna birkaç tane pirinç ekleyin. Şimdi suşiyi çok keskin bir bıçakla ikiye bölün (daha temiz bir kesim için bıçağı kaynar su altında çalıştırıyorum), sonra her bir yarıyı yarıya, sonra bu yarıları 8 parça yapmak için yarıya bölün.

10. 4 rulo yapmak için işlemi tekrarlayın. Biraz ekstra sriracha-mayo ve istenirse siyah susam ile gezdirerek servis tabağına koyun.

## suşi kaseleri

## 49. Altın ve Gümüş Suşi Kaseleri

## İçindekiler

- 1½ fincan (300 g) hazırlanmış Geleneksel Suşi pirinci veya Hızlı ve kolay Mikrodalga Suşi pirinci
- 2 adet hazırlanmış tempura yumuşak kabuklu yengeç veya hindistan cevizi yumuşak kabuklu yengeç
- 115 gram. (125 g) ince dilimler halinde kesilmiş taze tilapia veya diğer beyaz balık filetosu
- ½ İngiliz salatalığı veya Japon salatalığı 4 inç (10 cm) kibrit çöpü şeklinde kesilmiş
- 2 tepeleme yemek kaşığı kapelin yumurtası (masago) veya uçan balık yumurtası (tobiko)
- 2 çay kaşığı kıyılmış yeşil soğan (yeşil soğan), sadece yeşil kısımlar
- Garnitür için Daikon turp filizi (kaiware) veya brokoli filizi

## Talimatlar

1. Sushi Rice ve tempura veya hindistancevizi yumuşak kabuklu yengeçleri hazırlayın.

2. 2 küçük kase toplayın. Her kaseye $\frac{3}{4}$ fincan (150 g) Sushi Rice eklemeden önce parmak uçlarınızı ıslatın. Her kasede pirincin yüzeyini hafifçe düzleştirin. Her kasenin üzerine bir adet hazırlanmış yumuşak kabuklu yengeç koyun. Taze tilapia şeritlerini ve salatalık kibritlerini kaselerin arasına bölün. Her kaseye 1 tepeleme yemek kaşığı capelin veya uçan balık yumurtası koyun. Her kaseye 1 çay kaşığı kıyılmış yeşil soğan ekleyin.
3. Suşi kaselerini Ponzu Sos ile servis edin.

## 50. Turuncu Suşi Bardakları

## İçindekiler

- 1 su bardağı (200 g) hazırlanmış Geleneksel Suşi pirinci
- 2 çekirdeksiz göbekli portakal
- 2 çay kaşığı çekilmiş erik salçası
- 2 çay kaşığı kavrulmuş susam
- 4 büyük shiso (perilla) yaprağı veya fesleğen yaprağı
- 4 çay kaşığı kıyılmış yeşil soğan (yeşil soğan), sadece yeşil kısımlar
- 4 taklit yengeç çubuğu, bacak stili
- Bir adet 4 x 7 inç (10 x 18 cm) nori yaprağı

## Talimatlar

1. Sushi Rice'ı hazırlayın.
2. Portakalları çapraz olarak ikiye bölün. Her birinin kesme tahtası üzerinde düz durması için her bir yarının altından küçük bir dilim çıkarın. Her iki yarısından iç kısımları çıkarmak için bir kaşık kullanın. Ponzu Sosu gibi başka bir kullanım için herhangi bir meyve suyu, posa ve dilim ayırın.

3. Parmak uçlarınızı suya batırın ve her bir portakal kasesinin içine hazırlanmış yaklaşık 2 yemek kaşığı Sushi Rice koyun. (Alternatif olarak, pirinci kaselere eklemek için suya batırılmış tahta veya plastik bir kaşık kullanın.) $\frac{1}{2}$ çay kaşığı erik salamurasını pirincin üzerine sürün. Kaselerin her birine 2 yemek kaşığı pirinç katmanı daha ekleyin. Yarım çay kaşığı kavrulmuş susam tohumlarını pirincin üzerine serpin.
4. Her kasenin köşesine bir shiso (perilla) yaprağı sokun. Her kasede shiso yapraklarının önüne 1 çay kaşığı yeşil soğan koyun. Taklit yengeç çubuklarını alın ve parçalamak için avuçlarınız arasında ovalayın veya parçalara ayırmak için bir bıçak kullanın. Her kasenin üzerine bir çubuk değerinde yengeç koyun.
5. Servis yapmak için nori'yi bir bıçakla kibrit çöpü şeklinde kesin. Her kaseyi biraz nori parçalarıyla doldurun. Arzuya göre soya sosu ile servis yapın.

## 51. Susamlı Ton Balığı Sushi Kasesi

## İçindekiler

- ¾ fincan (150 g) hazırlanmış Geleneksel Suşi pirinci veya Hızlı ve kolay Mikrodalga Suşi pirinci
- Bir avuç sarmal kesilmiş daikon turp
- 6 oz. (200 g) Ton Balığı Tataki, ¼ inç (6 mm) dilimler halinde kesilmiş
- ½ misket limonu, süslemek için

## Talimatlar

1. Sushi Rice ve Tuna Tataki'yi hazırlayın.
2. Sushi Rice'ı küçük bir servis kasesine koymadan önce parmak uçlarınızı ıslatın. Pirinç yüzeyini hafifçe düzleştirin.
3. Kıyılmış daikon'u kasenin arka tarafına koyun. Ton balığı dilimlerini kasenin üst kısmına yerleştirin, biraz daikon'a dayayın. (Baharatlı Ton Balığı Karışımı kullanıyorsanız, karışımı kasenin ortasına koymanız yeterlidir.) Kireçleri ince dilimler halinde kesin ve boşlukları doldurmak için dilimleri kullanın.
4. Ponzu Sos ile servis yapın.

5. Hazırlanan suşi pirincini servis kasesine hafifçe bastırın. Pirinci paketlemeyin.
6. Daikon höyüğü kasenin sol üst tarafına yerleştirin. İstenirse, daikon'un üstüne süslemek için bir bitki sapı koyun.
7. Ton balığı tataki dilimlerini iki sıra olacak şekilde düzenleyin; biri kasenin alt kısmında, diğeri ise ortada. Herhangi bir boş yeri limon dilimleri veya diğer garnitürlerle doldurun.

## 52. Kızartma Suşi Kasesi

## İçindekiler

- 1½ fincan (300 g) Geleneksel Suşi pirinci veya Hızlı ve kolay Mikrodalga Suşi pirinci veya kahverengi Suşi pirinci
- 4 büyük tereyağı marul yaprağı
- ½ su bardağı (100 gr) kavrulmuş fıstık, iri kıyılmış
- 4 çay kaşığı kıyılmış yeşil soğan (yeşil soğan), sadece yeşil kısımlar
- 4 büyük shiitake mantarı, silinmiş, sapları çıkarılmış ve ince dilimlenmiş
- Baharatlı Tofu Karışımı
- ½ havuç, spiral kesilmiş veya rendelenmiş

## Talimatlar

1. Suşi Pirinç ve Baharatlı Tofu Karışımını hazırlayın.
2. Tereyağlı marul yapraklarını servis tepsisine yerleştirin. Hazırlanmış Sushi Rice, kavrulmuş fıstık, kıyılmış yeşil soğan

ve shiitake mantarı dilimlerini orta boy bir kapta karıştırın.

3. Karışık pirinci marul "kaseleri" arasında bölün. Pirinci hafifçe marul kasesine koyun.

4. Baharatlı Tofu Karışımını marul kaseleri arasında bölün. Her birinin üzerine havuç kıvrımları veya parçaları koyun. Tavada kızartılmış kaselere, istenirse biraz Tatlandırılmış Soya Şurubu ile servis yapın.

## 53. Yumurta, Peynir ve Yeşil Fasulye Suşi Kasesi

## İçindekiler

- 1½ fincan (300 g) hazırlanmış Geleneksel Suşi pirinci veya Hızlı ve kolay Mikrodalga Suşi pirinci
- 10 adet yeşil fasulye, beyazlatılmış ve ½ inç (1,25 cm) uzunlukta kesilmiş
- 1 Japon omlet yaprağı, parçalara ayrılmış
- 4 yemek kaşığı keçi peyniri, ufalanmış
- 2 çay kaşığı kıyılmış yeşil soğan (yeşil soğan), sadece yeşil kısımlar

## Talimatlar

1. Suşi Pirinci ve Japon Omlet Tabağını hazırlayın.
2. 2 küçük kase toplayın. Her kaseye ¾ fincan (150 g) Sushi Rice eklemeden önce parmak uçlarınızı ıslatın. Her kasede pirincin yüzeyini hafifçe düzleştirin. Yeşil fasulyeyi, omlet yumurta parçalarını ve keçi peynirini 2 kase arasında çekici bir şekilde bölün.

3. Servis yapmak için her kaseye 1 çay kaşığı yeşil soğan serpin.

## 54. Tarak ve Kuşkonmaz Suşi Kasesi

## İçindekiler

- 1 su bardağı (200 g) hazırlanmış Geleneksel Suşi pirinci veya Hızlı ve kolay Mikrodalga Suşi pirinci
- 1 tepeleme yemek kaşığı somon balığı (ikura)
- 2 taze deniz tarağı, ayıklanmış ve ince dilimler halinde kesilmiş
- 4 kiraz domates, dörde bölünmüş
- 1 Japon omlet yaprağı
- 4 kuşkonmaz mızrağı, beyazlatılmış ve ¼ inç (6 mm) uzunlukta kesilmiş
- Garnitür için 3 dilim limon

## Talimatlar

1. Suşi Pirinci ve Japon Omlet Tabağını hazırlayın. Sushi Rice'ı küçük bir servis kasesine eklemeden önce parmak uçlarınızı ıslatın. Pirinç yüzeyini hafifçe düzleştirin. Topingleri kasenin üst kısmına çekici bir desenle yerleştirin.

2. Süslemek için limon dilimlerini sosların üzerine yerleştirin. Ponzu Sos ile servis yapın

## 55.Baharatlı Istakoz Suşi Kasesi

## İçindekiler

- 1½ fincan (300 g) hazırlanmış Geleneksel Suşi pirinci veya Hızlı ve kolay Mikrodalga Suşi pirinci
- 1 çay kaşığı ince rendelenmiş taze zencefil kökü
- Bir 8 oz. (250 g) buğulanmış ıstakoz kuyruğu, kabuğu çıkarılmış ve madalyonlar halinde dilimlenmiş
- 1 kivi, soyulmuş ve ince dilimler halinde kesilmiş
- 2 çay kaşığı kıyılmış yeşil soğan (yeşil soğan), sadece yeşil kısımlar
- Bir avuç sarmal kesim daikon turp
- 2 dal taze kişniş (kişniş şeritleri)
- 2 yemek kaşığı Ejderha Suyu veya daha fazlası tadı

## Talimatlar

1. Sushi Rice ve Dragon Juice'ı hazırlayın.
2. Sushi Rice'ı iki küçük servis kasesine bölmeden önce parmak uçlarınızı ıslatın. Her kasede pirincin yüzeyini hafifçe

düzleştirin. Her kasedeki pirincin üzerine $\frac{1}{2}$ çay kaşığı rendelenmiş taze zencefil kökü yaymak için bir kaşık kullanın.

3. Istakoz madalyonlarını ve kivi meyvesini ikiye bölün. Istakoz dilimlerinin yarısını, kivi meyvelerinin yarısını bir kasede pirincin üzerine yerleştirin ve açıkta küçük bir alan bırakın. Deseni diğer kasede tekrarlayın. 1 çay kaşığı kıyılmış yeşil soğanı her kasenin önüne yakın bir yere koyun. Spiral olarak kesilmiş daikon turpunu iki kase arasına bölerek boşlukları doldurun.

4. Servis yapmak için her kasede daikon turpunun önüne bir taze kişniş sapı koyun. Her kasede ıstakoz ve kivi üzerine 1 yemek kaşığı Dragon Juice dökün.

## 56. Jambon ve Şeftali Suşi Kasesi

## İçindekiler

- 2 su bardağı hazırlanmış (400 g) Geleneksel Suşi pirinci veya Hızlı ve kolay Mikrodalga Suşi pirinci
- 1 büyük şeftali, çekirdekleri çıkarılmış ve 12 parçaya bölünmüş
- ½ su bardağı (125 ml) Suşi pirinci Sosu
- ½ çay kaşığı sarımsaklı biber sosu
- Koyu susam yağı sıçraması
- 115 gram. (125 g) prosciutto, ince şeritler halinde kesilmiş
- 1 demet su teresi, kalın sapları ayıklanmış

## Talimatlar

1. Suşi Pirincini ve ekstra Suşi Pirinci Sosunu hazırlayın.
2. Şeftali dilimlerini orta boy bir kaba koyun. Suşi Pirinç Sosu, sarımsaklı biber sosu ve koyu susam yağını ekleyin. Şeftalileri kaplamadan önce marine edip güzelce atın. Şeftalileri marine içinde en

az 30 dakika ve 1 saate kadar oda sıcaklığında bekletin.

3. 4 küçük servis kasesi toplayın. Her kaseye ½ fincan (100 g) hazırlanmış Sushi Rice koymadan önce parmak uçlarınızı ıslatın. Pirinç yüzeyini hafifçe düzleştirin. Servis başına 3 şeftali dilimine izin vererek, malzemeleri her kasenin üstüne çekici bir desende eşit olarak bölün. (Kaseleri doldurmadan önce şeftalilerin içindeki sıvının çoğunu boşaltabilirsiniz, ancak onları kurutmayın.)
4. Dilerseniz daldırma için çatal ve soya sosuyla servis yapın.

## 57.Mangalda Kısa Kaburga Suşi Kasesi

## İçindekiler

- 2 su bardağı (400 g) Geleneksel Suşi pirinci, Hızlı ve kolay Mikrodalga Suşi pirinci veya kahverengi Suşi pirinci
- 1 lb. (500 g) kemiksiz domuz kaburga
- 2 yemek kaşığı ham şeker veya açık kahverengi şeker
- 1 yemek kaşığı pirinç sirkesi
- 2 yemek kaşığı yemeklik yağ
- 2 çay kaşığı soya sosu
- $\frac{1}{2}$ çay kaşığı kıyılmış sarımsak
- 2 yemek kaşığı doğranmış kristalize zencefil
- $\frac{1}{2}$ avokado, soyulmuş, çekirdekleri çıkarılmış ve ince dilimler halinde kesilmiş
- $\frac{1}{4}$ İngiliz salatalığı (Japon salatalığı), çekirdekleri çıkarılmış ve kibrit çöpü şeklinde kesilmiş
- $\frac{1}{4}$ su bardağı (60 g) kuru mango, ince şeritler halinde kesilmiş

**Talimatlar**

1. Sushi Rice'ı hazırlayın.
2. Kısa kaburgaları şekerle ovun. Orta boy bir kapta pirinç sirkesi, yemeklik yağ, soya sosu ve kıyılmış sarımsağı karıştırın. Kaburgaları kaseye koyun ve kaplamak için birkaç kez çevirin. Üzerini örtün ve 30 dakika marine olmalarına izin verin.
3. Broylerinizi 500°F'ye (260°C) ısıtın. Kısa kaburgaları bir broiler tavasına veya yaprak tepsisine yerleştirin. Her tarafta yaklaşık 5 dakika kızartın. Kısa kaburgaları tepsiden çıkarın ve soğumaya bırakın. Kısa kaburgaları ½ inç (1,25 cm) parçalar halinde kesin. (Kısa kaburgaların kemikleri varsa, eti kemiklerden çıkarmak isteyeceksiniz.)
4. 4 küçük servis kasesi toplayın. Her kaseye ½ fincan (100 g) Sushi Rice koymadan önce parmak uçlarınızı ıslatın. Pirinç yüzeyini hafifçe düzleştirin. ½ yemek kaşığı kıyılmış kristalize zencefili pirincin üzerine serpin. Kısa kaburgaları 4

kase arasında bölün. Avokado dilimlerinin, salatalık kibrit çöplerinin ve mango şeritlerinin $\frac{1}{4}$'ünü çekici bir şekilde pirinç kasesinin üzerine yerleştirin. Dilerseniz Tatlandırılmış Soya Şurubu ile servis yapın.

## 58. Dinamit Tarak Suşi Kasesi

## İçindekiler

- 2 su bardağı (400 g) hazırlanmış Geleneksel Suşi pirinci veya Hızlı ve kolay Mikrodalga Suşi pirinci
- 2 çay kaşığı kıyılmış yeşil soğan (yeşil soğan), sadece yeşil kısımlar
- $\frac{1}{4}$ İngiliz salatalığı (Japon salatalığı), çekirdekleri çıkarılmış ve küçük küpler halinde doğranmış
- 2 taklit yengeç çubuğu, bacak stili, rendelenmiş
- 8 oz. (250 gr) taze defne tarakları, ayıklanmış, pişirilmiş ve sıcak tutulmuş
- 4 tepeleme yemek kaşığı Baharatlı Mayonez veya daha fazlası
- 2 çay kaşığı kavrulmuş susam

## Talimatlar

1. Suşi Pirinç ve Baharatlı Mayonez hazırlayın.
2. 4 martini bardağı toplayın. Her bardağın dibine $\frac{1}{2}$ çay kaşığı kıyılmış yeşil soğan koyun. Sushi Rice ve doğranmış salatalığı

küçük bir kaseye koyun. İyice karıştırın. Pirinç ve salatalık karışımını her bir bardağa bölmeden önce parmak uçlarınızı ıslatın. Pirinç yüzeyini hafifçe düzleştirin.

3. Rendelenmiş yengeç çubuğunu bardakların arasına bölün. Her bardağa ¼ sıcak defne tarak ekleyin. Her bardağın içeriğine bir çorba kaşığı Baharatlı Mayonez koyun. Baharatlı Mayonezi yaklaşık 15 saniye köpürene kadar kızartmak için bir pişirme meşalesi kullanın. Servis yapmadan önce her bardağın üzerine ½ çay kaşığı kızarmış susam serpin.

## 59. Ratatouille Suşi Kasesi

## İçindekiler

- 2 su bardağı (400 g) hazırlanmış Geleneksel Suşi Pirinci Hızlı ve kolay Mikrodalga Suşi pirinci veya kahverengi Suşi pirinci
- 4 büyük domates
- 1 yemek kaşığı kıyılmış yeşil soğan (yeşil soğan), sadece yeşil kısımlar
- ½ küçük Japon patlıcanı, kavrulmuş ve küçük küpler halinde kesilmiş
- 4 yemek kaşığı kızarmış soğan
- 2 yemek kaşığı Susamlı Erişte Sosu

## Talimatlar

1. Suşi Pirinç ve Susamlı Erişte Sosunu hazırlayın.
2. Orta boy bir tencereye su koyup yüksek ateşte kaynatın. Domatesleri ekleyin ve 15 saniye kaynatın. Domatesleri hemen soğuması için büyük bir buzlu su kabına daldırın. Derileri soyun.

3. Suşi Pirinci, yeşil soğan, patlıcan, kızarmış soğan ve Susamlı Erişte Sosunu orta boy bir kaba koyun ve iyice karıştırın.
4. Her bir domatesin üst kısımlarını kesin ve ortalarını çıkarın. (Domatesli Sardalya Ruloları gibi başka bir kullanım için domates içlerini ayırın. En iyi sonuç için $\frac{1}{4}$ inç (6 mm) kalınlığında bir duvar bırakın. Her bir domates kasesine $\frac{1}{2}$ fincan (100 g) karışık Sushi Rice karışımı koyun. Pirinci hafifçe düzleştirmek için kaşığın arkasını bir çatalla domates kaselerine servis edin.

## 60. Gevrek Kızarmış Tofu Suşi Kasesi

## İçindekiler

- 4 bardak (800 g) hazırlanmış Geleneksel Suşi pirinci, Hızlı ve kolay Mikrodalga Suşi pirinci veya kahverengi Suşi pirinci
- $\frac{1}{2}$ 6 oz. (175 g) katı tofu
- 2 yemek kaşığı patates nişastası veya mısır nişastası (mısır unu)
- 1 büyük yumurta akı, 1 çay kaşığı su ile karıştırılmış
- $\frac{1}{2}$ su bardağı (50 gr) ekmek kırıntısı (panko)
- 1 çay kaşığı koyu susam yağı
- 1 çay kaşığı yemeklik yağ
- $\frac{1}{2}$ çay kaşığı tuz
- 4 inç (10 cm) kibrit çöpleri halinde kesilmiş bir havuç
- $\frac{1}{2}$ avokado, ince dilimler halinde kesilmiş
- 4 yemek kaşığı mısır taneleri, pişmiş
- 4 çay kaşığı kıyılmış yeşil soğan (yeşil soğan), sadece yeşil kısımlar
- Bir adet 4 x 7 inç (10 x 18 cm) yaprak nori, ince şeritler halinde kesilmiş

## Talimatlar

1. Sushi Rice'ı hazırlayın.
2. Tofuyu ¼ inç (6 mm) kalınlığında dilimler halinde kesin. Dilimleri kağıt havlu veya temiz bulaşık havlusu arasına sıkıştırın ve üzerlerine ağır bir kase yerleştirin. Tofu dilimlerinin en az 10 dakika süzülmesine izin verin.
3. Fırınınızı 375 °F'ye (200 °C) ısıtın. Patates nişastasında süzülmüş tofu dilimlerini tarayın. Dilimleri yumurta akı karışımına yerleştirin ve kaplayacak şekilde çevirin. Orta boy bir kapta panko, koyu susam yağı, tuz ve yemeklik yağı karıştırın. Tofu dilimlerinin her birine panko karışımının bir kısmını hafifçe bastırın. Dilimleri parşömen kağıdı ile kaplı bir fırın tepsisine yerleştirin. 10 dakika pişirin, sonra dilimleri ters çevirin. 10 dakika daha veya panko kaplaması gevrek ve altın rengi kahverengi olana kadar pişirin. Dilimleri fırından çıkarın ve hafifçe soğumaya bırakın.

4. 4 küçük servis kasesi toplayın. Her kaseye $\frac{3}{4}$ fincan (150 g) Sushi Rice eklemeden önce parmak uçlarınızı ıslatın. Her kasede pirincin yüzeyini hafifçe düzleştirin. Panko tofu dilimlerini 4 kase arasında bölün. (Diğer malzemeler için boşluk bıraktığınızdan emin olun!) Her kaseye $\frac{1}{4}$ havuç kibrit çöpü ekleyin. Her kaseye avokado dilimlerinin $\frac{1}{4}$'ünü koyun. Her kasenin üzerine 1 yemek kaşığı mısır taneleri koyun.
5. Servis yapmak için her kasenin üzerine $\frac{1}{4}$ nori şeritleri serpin. Tatlandırılmış Soya Şurubu veya soya sosu ile servis yapın.

## 61. Taze Somon ve Avokado Suşi Kasesi

## İçindekiler

- 1½ fincan (300 g) hazırlanmış Geleneksel Suşi pirinci veya Hızlı ve kolay Mikrodalga Suşi pirinci
- ¼ küçük jicama, soyulmuş ve kibrit çöpü şeklinde kesilmiş
- ½ jalapeno biberi, çekirdekleri çıkarılmış ve iri kıyılmış
- ½ limon suyu
- 4 yemek kaşığı Sushi Pirinç Sosu
- 6 oz. (200 gr) taze somon, dilimler halinde kesilmiş
- ¼ avokado, soyulmuş, çekirdekleri çıkarılmış ve ince dilimler halinde kesilmiş
- 2 tepeleme yemek kaşığı somon karaca (ikura), isteğe bağlı
- Garnitür için 2 dal taze kişniş (kişniş)

## Talimatlar

1. Sushi Rice ve Sushi Rice Dressing'i hazırlayın.

2. Jicama kibrit çöplerini, doğranmış jalapeño'yu, limon suyunu ve Suşi Pirinç Sosunu metal olmayan küçük bir kapta karıştırın. Tatların en az 10 dakika karışmasını sağlayın. Sıvıyı jicama karışımından boşaltın.

3. 2 küçük kase toplayın. Her kaseye $\frac{3}{4}$ fincan (150 g) Sushi Rice eklemeden önce parmak uçlarınızı ıslatın. Pirinç yüzeyini hafifçe düzleştirin. Marine edilmiş jicamanın $\frac{1}{2}$'sini her kasenin üzerine koyun. Somon ve avokado dilimlerini, her birini pirincin üzerine çekici bir desende yerleştirerek 2 kase arasında bölün. Kullanıyorsanız, her kaseye 1 çorba kaşığı somon yumurtası ekleyin.

4. Servis yapmak için her bir kaseyi taze kişniş sapı ve Ponzu Sos ile doldurun. soya sosu.

# PRESLİ, GÜNKAN VE NİGİRİ SUŞİ

## 62. Sırlı Patlıcan Suşi

## İçindekiler

- 1½ fincan (300 g) hazırlanmış Geleneksel Suşi pirinci veya Hızlı ve kolay Mikrodalga Suşi pirinci
- 1 küçük Japon patlıcan
- yemek pişirmek için yağ
- 1 yemek kaşığı soya sosu
- ½ çay kaşığı koyu susam yağı
- ½ çay kaşığı miso ezmesi
- 1 çay kaşığı pirinç sirkesi
- 1 çay kaşığı kavrulmuş susam
- 1 çay kaşığı kıyılmış yeşil soğan (yeşil soğan), sadece yeşil kısımlar

## Talimatlar

1. Sushi Rice'ı hazırlayın.
2. Bir fırını 350°F'ye (175°C) ısıtın. Parşömen kağıdı ile bir fırın tepsisini hizalayın. Patlıcanı ½ inç (1,25 cm) dilimler halinde kesin. Soya sosu, koyu susam yağı, miso ezmesi ve pirinç sirkesini küçük bir kapta karıştırın. Patlıcan dilimlerinin her iki tarafını da karışımla bulayın. Parçaları

parşömen kaplı fırın tepsisine düz bir şekilde yerleştirin. 7 dakika pişirin. Patlıcan dilimlerini tamamen soğutun.

3. Bambu haddeleme hasırının üzerine bir parça plastik sargı koyun. Patlıcan dilimleri ile plastik sargı boyunca yatay bir sıra yapın. Parmak uçlarınızı ıslatın ve Sushi Rice'ı patlıcanın üzerine yayın. Plastik sargıyı Sushi Rice'ın etrafına katlayın. Plastik sargı paketini, pirinç altta kalacak şekilde çevirin. Suşiyi dikdörtgen şeklinde şekillendirmek için bambu merdane kullanın.

4. Çok keskin bir bıçağın ucunu suya batırın. Suşiyi 8 parçaya kesmek için bir testere hareketi kullanarak plastik sargıyı kesin. Plastik sargıyı dikkatlice çıkarın.

5. Servis yapmak için parçaları servis tabağına alın. Parçaların üzerine susam ve yeşil soğan serpin.

## 63. Tuna Tataki Nigiri

## İçindekiler

- 1 su bardağı (200 g) hazırlanmış Geleneksel Suşi pirinci veya Hızlı ve kolay Mikrodalga Suşi pirinci
- 6 oz. (175 g) taze ton balığı, 2.5 cm kalınlığında bir blok halinde kesilmiş
- 3 yemek kaşığı kavrulmuş susam
- yemek pişirmek için yağ
- Bir adet 4 x 7 inç (10 x 18 cm) nori yaprağı

## Talimatlar

1. Sushi Rice'ı hazırlayın.
2. Susam tohumlarını bir tabağa dökün ve üzerlerine ton balığı bloğu koyun. Ton balığını eşit şekilde kaplamak için çevirin.
3. Tamamen kaplamak için büyük tavada yeterince yağı ısıtın. Yağın ısınmasına izin verin. (Bir noktada tava tüttürmeye başlayabilir. Biraz duman iyidir.) Kaplanmış ton balığını tavaya ekleyin ve her tarafını 15-20 saniye kadar kızartın. Uçlarını da sardığınızdan emin olun. Ton balığını çıkarın ve en az 5 dakika soğumaya bırakın.

4. Parmak uçlarınızı suya batırın ve birazını avuçlarınıza sıçratın. Ceviz büyüklüğünde bir top hazır Sushi Rice, yaklaşık 2 yemek kaşığı elinize sıkın ve düzgün bir dikdörtgen pirinç yatağı oluşturun. 7 tane daha pirinç yatağı yapmak için tekrarlayın.
5. Nori yaprağını çapraz olarak 8 şerit halinde kesin. Susam kabuklu ton balığını çapraz olarak $\frac{1}{4}$ inç (6 mm) kalınlığında dilimler halinde dilimleyin. Her pirinç yatağının üzerine bir parça susam ton balığı koyun. Susamlı ton balığı dilimlerini pirince yapıştırmak için nori şeritlerini kullanın.
6. Servis yapmak için parçaları servis tabağına alın. Ponzu Sos ile hemen servis yapın

## 64. Arktik Char Nigiri

## İçindekiler

- 1½ fincan (300 g) hazırlanmış Geleneksel Suşi pirinci veya Hızlı ve kolay Mikrodalga Suşi pirinci
- 6 oz. (175 g) blok kutup kömürü, derisi alınmış
- 1 yemek kaşığı sake, isteğe bağlı
- ½ limon dilimi, 10-12 kağıt inceliğinde dilimler halinde kesilmiş
- 1 dal taze dereotu

## Talimatlar

1. Sushi Rice'ı hazırlayın.
2. Blok kesim Yönergelerini kullanarak arktik kömürü 10-12 dilime kesin. Parmak uçlarınızı suyla ıslatın ve avuç içlerinize biraz serpin. Ceviz büyüklüğünde bir top hazır Sushi Rice, yaklaşık 2 yemek kaşığı elinize sıkın ve düzgün bir dikdörtgen pirinç yatağı oluşturun. 9-11 tane daha pirinç yatağı yapmak için tekrarlayın.
3. Kullanıyorsanız, parmak ucunuzu sakeye batırın ve kutup kömürü boyunca fırçalayın. Her bir arktik kömür dilimini hafifçe tatlandırmak için gerektiği kadar

tekrarlayın. Sol avucunuzun içine bir pirinç yatağı koyun ve üzerine bir dilim kutup kömürü sürün. Sağ başparmağınız ve işaret parmağınızla pirincin kenarını kavrayın. Şekillendirmek için sol başparmağınızı arktik kömürün üzerine sürtün. Yönleri kalan arktik kömür ve pirinçle tekrarlayın.

4. Servis yapmak için suşi parçalarını servis tabağına alın. Her parçayı kağıt inceliğinde bir dilim limonla doldurun. Her bir suşi parçasını süslemek için dereotu dalını parçalara ayırın. Arzuya göre soya sosu ile servis yapın.

## 65. Spam Musubi

## İçindekiler

- 1½ fincan (300 g) hazırlanmış Geleneksel Suşi pirinci veya Hızlı ve kolay Mikrodalga Suşi pirinci
- Bir 12 oz. (340 g) spam kutusu
- 4 x 7 inç (10 x 18 cm) nori yaprağını pişirmek için yağ
- 4 yemek kaşığı Tatlandırılmış Soya Şurubu veya daha fazlası
- 2 çay kaşığı kavrulmuş susam

## Talimatlar

1. Suşi Pirinci ve Tatlandırılmış Soya Şurubu'nu hazırlayın.
2. Spam'i uzunlamasına 6 eşit dilime kesin. Tamamen kaplamak için büyük tavada yeterince yağı ısıtın. Spam dilimlerini her iki tarafı altın kahverengi olana kadar, her iki tarafta yaklaşık 2-3 dakika kızartın. Kızaran dilimleri kağıt havlu üzerine alın.
3. Parmak uçlarınızı suyla ıslatın ve avuç içlerinize biraz serpin. Ceviz büyüklüğünde bir top hazır suşi pirincini, yaklaşık 2 yemek kaşığı elinize sıkın ve

düzgün bir dikdörtgen yatak pirinci oluşturun. 11 tane daha pirinç yatağı yapmak için tekrarlayın.

4. Nori yaprağını çapraz olarak 12 şerit halinde kesin. Her bir kızarmış Spam parçasını boyuna ikiye bölün. Her bir pirinç yatağının üzerine uzunlamasına bir parça Spam koyun. Spam dilimlerini pirince yapıştırmak için nori şeritlerini kullanın.

## 66. Avokado ve Nar Nigiri

## İçindekiler

- 1½ fincan (300 g) Geleneksel Suşi pirinci veya Hızlı ve kolay Mikrodalga Suşi pirinci
- 1 yemek kaşığı nar ekşisi
- 1 çay kaşığı Ponzu Sos
- ½ avokado, 16 ince dilime kesilmiş
- Bir adet 4 x 7 inç (10 x 18 cm) nori yaprağı
- 2 çay kaşığı nar taneleri

## Talimatlar

1. Sushi Rice'ı hazırlayın.
2. Küçük bir kapta nar ekşisi ve Ponzu Sosunu karıştırın.
3. Parmak uçlarınızı suya batırın ve birazını avuçlarınıza sıçratın. Ceviz büyüklüğünde bir top hazır Sushi Rice, yaklaşık 2 yemek kaşığı elinize sıkın ve düzgün bir dikdörtgen pirinç yatağı oluşturun. 7 tane daha pirinç yatağı yapmak için tekrarlayın.

4. Nori yaprağından çapraz olarak istenen genişlikte 8 şerit kesin. Kalan nori'yi başka bir kullanım için ayırın. Her bir pirinç yatağını 2 avokado dilimi ile doldurun. Bunları bir nori şeridi "emniyet kemeri" ile yerine sabitleyin.
5. Servis yapmak için parçaları servis tabağına alın. Her parçanın üzerine nar karışımından bir miktar dökün ve üzerine birkaç tane nar taneleri serpin.

### 67. Shiitake Nigiri

### İçindekiler

- 1½ fincan (300 g) hazırlanmış Geleneksel Suşi pirinci veya Hızlı ve kolay Mikrodalga Suşi pirinci
- 8 küçük shiitake mantarı, silinmiş ve sapları çıkarılmış
- yemek pişirmek için yağ
- Bir adet 4 x 7 inç (10 x 18 cm) nori yaprağı
- 2 yemek kaşığı Susamlı Erişte Sosu
- 1 çay kaşığı kavrulmuş susam

### Talimatlar

1. Suşi Pirinç ve Susamlı Erişte Sosunu hazırlayın.
2. Her mantarın üstünü bıçakla çizin. Tamamen kaplamak için büyük tavada yeterince yağı ısıtın. Mantarları ekleyin ve kokuyu salmak için hafifçe pişirin. Bu sadece birkaç dakika sürmelidir. Tavadan çıkarın ve soğumaya bırakın.
3. Parmak uçlarınızı suya batırın ve birazını avuçlarınıza sıçratın. Ceviz büyüklüğünde

bir top hazır Sushi Rice, yaklaşık 2 yemek kaşığı elinize sıkın ve düzgün bir dikdörtgen pirinç yatağı oluşturun. 7 tane daha pirinç yatağı yapmak için tekrarlayın.

4. Nori yaprağından çapraz olarak istenen genişlikte 8 şerit kesin. Kalan nori'yi başka bir kullanım için ayırın. Her pirinç yatağını 1 mantarla doldurun. Çeşitlilik için mantarların yarısını altları yukarı bakacak şekilde pirinç yataklarına yerleştirin. Mantarları bir nori şeridi "emniyet kemeri" ile yerine sabitleyin.

5. Servis yapmak için mantarlı suşi parçalarını servis tabağına alın. Her parçanın üzerine biraz Susamlı Erişte Sosu dökün ve susam serpin.

## 68. Somon, Peynir ve Salatalık Yığınları

## İçindekiler

- 1 su bardağı (200 g) hazırlanmış Geleneksel Suşi pirinci veya Hızlı ve kolay Mikrodalga Suşi pirinci
- 4 yemek kaşığı krem peynir, yumuşatılmış
- 1 çay kaşığı wasabi ezmesi
- $\frac{1}{4}$ çay kaşığı limon kabuğu rendesi
- İki adet 4 x 7 inç (10 x 18 cm) yaprak nori
- 115 gram. (125 gr) füme somon veya lox, ince dilimlenmiş
- $\frac{1}{4}$ İngiliz salatalık veya Japon salatalık, kağıt ince dilimler halinde kesilmiş
- 1 yemek kaşığı somon havyarı

## Talimatlar

1. Sushi Rice'ı hazırlayın.
2. Krem peynir, wasabi ezmesi ve limon kabuğu rendesini küçük bir kapta karıştırın. Nori yapraklarını uzunlamasına ortadan ikiye kesin. Parçalardan ikisini pürüzlü tarafı yukarı bakacak şekilde

çalışma yüzeyinize yerleştirin ve diğer ikisini bir kenara koyun. Parmak uçlarınızı ıslatın ve 4 yemek kaşığı Sushi Rice'ı bir nori yarısının yüzeyine yayın. Bunu diğer nori yarısı için tekrarlayın. 1 yemek kaşığı krem peynir karışımını pirincin üzerine sürün.

3. Füme somonu ikiye bölün. Krem peynir kaplı nori yarımlarının yüzeyine sandviç tarzında yayın. Onları yana itin ve kalan 2 nori yarısını alın. Pürüzlü tarafı yukarı bakacak şekilde çalışma yüzeyinize yerleştirin. Parmak uçlarınızı ıslatın ve her birinin üzerine 4 yemek kaşığı Sushi Rice sürün. Yarımları, pirinç tarafı yukarı gelecek şekilde somon füme üzerine yerleştirin.

4. 1 çorba kaşığı krem peynir karışımını her pirinç kaplı yığının yüzeyine yayın. Hafif üst üste binen bir desende salatalık dilimleri ile her yığının üstüne. Her yığının üzerine bir parça plastik sargı yerleştirin. Yığınları hafifçe bastırmak için bir bambu haddeleme matı kullanın. Plastik sargıyı yerinde tutun ve her yığını dilimler

halinde kesmek için keskin bir bıçak kullanın. Yine, yığınlara hafifçe bastırmak için bambu haddeleme matını kullanın. Plastik sargıyı çıkarın.

5. Servis yapmak için parçayı servis tabağına alın. Her parçayı biraz somon yumurtası ile doldurun.

# 69. Japon Omleti Suşi Tamago Nigiri

## İçindekiler

- 4 yumurta
- ¼ fincan hazır dashi stoğu
- 1 yemek kaşığı beyaz şeker
- 1 çay kaşığı mirin (tatlı Japon şarabı)
- ½ çay kaşığı soya sosu
- ½ çay kaşığı bitkisel yağ veya gerektiği kadar fazla

## Talimatlar

1. Yumurtaları bir kapta iyice çırpın; şeker eriyene kadar dashi stoğu, şeker, mirin ve soya sosunda çırpın.
2. Orta ateşte yapışmaz bir tava veya omlet tavası yerleştirin. Tavayı bitkisel yağ ile yağlayın. Sıcak tavaya ince bir tabaka yumurta karışımı dökün ve tavayı kaplamak için döndürün.
3. Yumurta tabakasının alt kısmı sert ancak üst kısmı hala hafif sıvı olduğunda, bir spatula ile omletin yaklaşık 1 inç kenarını kaldırın ve kalan yumurta tabakasının üzerine katlayın; omleti sonuna kadar yuvarlamaya devam edin ve ruloyu tava kenarına itin.
4. Kuru görünüyorsa tavayı tekrar yağlayın; Tavaya ince bir yumurta katmanı daha dökün ve yumurtanın omlet rulosunun

altına akması için ruloyu kaldırın. Omlet rulolarını yeni yumurta tabakasının üzerine katlayın, daha önce olduğu gibi sonuna kadar yuvarlamaya devam edin. Omleti tava kenarına itin.

5. Gerekirse tavayı yağlayarak tavaya yeni bir yumurta tabakası dökün. Bir sonraki yumurta katmanını ruloya dahil etmek için omleti yuvarlayın. Yeni katmanları dökün ve tüm yumurta karışımı bitene kadar omlete yuvarlayın.

6. Omleti servis tabağına alıp 6 eşit parçaya bölerek servis yapın.

## 70. Masago Günkan

## İçindekiler

- ½ fincan (100 g) hazırlanmış Geleneksel Suşi pirinci veya Hızlı ve kolay Mikrodalga Suşi pirinci
- İki adet 4 x 7 inç (10 x 18 cm) yaprak nori
- 4 yemek kaşığı kapelin karaca (masago)

## Talimatlar

1. Sushi Rice'ı hazırlayın ve 4 yatak pirinç yapmak için dörde bölün. Nori'yi dört adet 1 ½ x 5 inç (4 x 13 cm) şerit halinde kesin. (Kalan nori saklanabilir ve diğer nigiriler için "emniyet kemeri" şeklinde kesilebilir.) Bir şerit nori sarın, pürüzlü tarafı içe bakacak şekilde, bir duvar oluşturacak şekilde yaklaşık 1 pirinç yatağı sarın. Kenarlar için "yapıştırıcı" olarak tek bir pirinç tanesi kullanmak gerekebilir. Kalan 3 pirinç ve nori yatağı için tekrarlayın.

2. Servis yapmak için, Sushi Rice'ın her yatağının üzerine 1 yemek kaşığı masago koyun.

## 71. Sardalya Nigiri

İçindekiler

- 1½ fincan (300 g) hazırlanmış Geleneksel Suşi pirinci veya Hızlı ve kolay Mikrodalga Suşi pirinci
- 115 gram. (120 gr) sardalya konservesi
- Bir adet 4 x 7 inç (10 x 18 cm) nori yaprağı
- 1 dal taze kişniş yaprağı (kişniş)
- ½ çay kaşığı ince rendelenmiş taze zencefil kökü
- ¼ çay kaşığı ince rendelenmiş sarımsak

**Talimatlar**

1. Sushi Rice'ı hazırlayın.
2. Sardalyaları konserve sıvısından çıkarın ve kurulayın. Parmak uçlarınızı suya batırın ve birazını avuçlarınıza sıçratın. Ceviz büyüklüğünde bir top Sushi Rice'ı, yaklaşık 2 yemek kaşığı elinize sıkın ve düzgün bir dikdörtgen oluşturun. 6-7 tane daha pirinç yatağı yapmak için tekrarlayın.

3. Nori yaprağından çapraz olarak istenen genişlikte 8 şerit kesin. Kalan nori'yi başka bir kullanım için ayırın. Her pirinç yatağını 1 sardalya ile doldurun. Sardalyaları bir nori şeridi "emniyet kemeri" ile sabitleyin.

4. Servis yapmak için sardalyaları servis tabağına alın. Taze kişniş (kişniş) sapının saplarını çıkarın. Her sardalyayı 1 taze kişniş (kişniş) yaprağı ile doldurun. Rendelenmiş taze zencefil kökünü sardalyaların arasına bölün. Her sardalyanın üzerine rendelenmiş sarımsaktan küçük bir miktar ekleyin.

## 72. Füme Ördek Nigiri

## İçindekiler

- 1½ fincan (300 g) hazırlanmış Geleneksel Suşi pirinci veya Hızlı ve kolay Mikrodalga Suşi pirinci
- 12 oz. (340 g) füme ördek göğsü, derisi bozulmamış
- yemek pişirmek için yağ
- Bir adet 4 x 7 inç (10 x 18 cm) nori yaprağı
- 2 yemek kaşığı Tatlandırılmış Soya Şurubu
- 1 çay kaşığı kıyılmış yeşil soğan (yeşil soğan), sadece yeşil kısımlar

## Talimatlar

1. Suşi Pirinci ve Tatlandırılmış Soya Şurubu'nu hazırlayın.
2. Ördek göğsünün derisini çıkarın ve ince dilimler halinde kesin. Tamamen kaplamak için büyük tavada yeterince yağı ısıtın. Ördek derisi dilimlerini ekleyin ve gevrek ve altın rengi kahverengi olana kadar

yaklaşık 3 dakika pişirin. Ördek çıtırlarını kağıt havlu veya temiz bir mutfak havlusu üzerine boşaltın.

3. Ördek göğsünü 10-12 ince dilim olacak şekilde dilimleyin. Parmak uçlarınızı suya batırın ve birazını avuçlarınıza sıçratın. Ceviz büyüklüğünde bir top hazır Sushi Rice, yaklaşık 2 yemek kaşığı elinize sıkın ve düzgün bir dikdörtgen pirinç yatağı oluşturun. Füme ördek dilimlerini yerleştirmek için yeterli miktarda pirinç yatağı yapmak için tekrarlayın.
4. Nori yaprağını, füme ördek dilimlerinin sayısına uyacak şekilde çapraz olarak yeterli şeritler halinde kesin. Her yatağın veya pirincin üzerine bir dilim ördek koyun ve bunları bir nori şeridi "emniyet kemeri" ile sabitleyin.
5. Sushiyi servis tabağına alın. Parçaların üzerine Tatlandırılmış Soya Şurubu gezdirin. Üstüne ördek çıtırlarını ve ardından yeşil soğanları yayın.

## 73. Acılı Yumurta ve Avokado Gunkan

## İçindekiler

- ½ fincan (100 g) hazırlanmış Geleneksel Suşi pirinci veya Hızlı ve kolay Mikrodalga Suşi pirinci
- İki adet 4 x 7 inç (10 x 18 cm) yaprak nori
- 4 yemek kaşığı doğranmış avokado
- Bir tutam tuz
- ¼ limon suyu
- 4 adet bıldırcın yumurtası sarısı
- 4 çay kaşığı Baharatlı Mayonez
- 1 çay kaşığı kıyılmış yeşil soğan (yeşil soğan), sadece yeşil kısımlar

## Talimatlar

1. Suşi Pirinci ve Baharatlı Mayonezi hazırlayın.
2. Sushi Rice'ı 4 parçaya bölün ve 4 yatak pirinç yapın. Nori'yi dört adet 1 ½ x 5 inç (4 x 13 cm) şerit halinde kesin. (Kalan nori saklanabilir ve diğer nigiriler için "emniyet kemeri" şeklinde kesilebilir.) Bir şerit nori sarın, pürüzlü tarafı içe

bakacak şekilde, bir duvar oluşturacak şekilde yaklaşık 1 pirinç yatağı sarın. Kenarlar için "yapıştırıcı" olarak tek bir pirinç tanesi kullanmak gerekebilir. Kalan 3 pirinç ve nori yatağı için tekrarlayın.

3. Doğranmış avokadoyu, bir tutam tuzu ve limon suyunu küçük bir kapta karıştırın. Karışımdan 1 yemek kaşığı her pirinç yatağına kaşıkla. Her avokado tepesinde suşi yatağının ortasına 1 bıldırcın yumurtası sarısı yerleştirin. Her bıldırcın yumurtasının üzerine 1 çay kaşığı Baharatlı Mayonez dökün. Baharatlı Mayonezi yaklaşık 7-8 saniye kızarana kadar hafifçe kızartmak için bir pişirme meşalesi kullanın.

4. Servis yapmak için suşi parçalarının üzerine yeşil soğanları (yeşil soğan) serpin ve hemen servis yapın.

## 74. Beyaz Ton Balığı Nigiri

## İçindekiler

- 1¼ bardak (250 g) hazırlanmış Geleneksel Suşi pirinci veya Hızlı ve kolay Mikrodalga Suşi pirinci
- 6 oz. (150 g) taze beyaz ton balığı, 1 inç (2,5 cm) kalınlığında bir blok halinde kesilmiş
- 2 yemek kaşığı Ponzu Sos, ayrıca daldırma için daha fazlası
- ¼ çay kaşığı ince rendelenmiş sarı soğan
- ¼ çay kaşığı ince rendelenmiş sarımsak
- ½ çay kaşığı ince rendelenmiş havuç

## Talimatlar

1. Sushi Rice'ı hazırlayın.
2. Beyaz orkinosun dışını hafifçe kızartmak için bir pişirme meşalesi kullanın. Alternatif olarak, beyaz ton balığını metal şişlerle şişleyin ve balığın dışını gazlı ocakta kızartın. Balığın dokunuşa soğumasına izin verin.

3. Beyaz ton balığını blok kesim Talimatlarını kullanarak 10-12 dilime kesin. Parmak uçlarınızı suyla ıslatın ve avuç içlerinize biraz serpin. Ceviz büyüklüğünde bir top hazır Sushi Rice, yaklaşık 2 yemek kaşığı elinize sıkın ve düzgün bir dikdörtgen pirinç yatağı oluşturun. 8 tane daha pirinç yatağı yapmak için tekrarlayın.
4. Sol avucunuzun içine bir pirinç yatağı koyun ve üzerine bir dilim beyaz ton balığı sürün. Sağ başparmağınız ve işaret parmağınızla pirincin kenarını kavrayın. Şekil vermek için sol baş parmağınızı beyaz ton balığının üzerine sürün. Talimatları kalan beyaz ton balığı ve pirinçle tekrarlayın.
5. Servis yapmak için beyaz ton balıklı suşi parçalarını servis tabağına alın. Her parçanın üzerine biraz Ponzu Sosu sürün. Her parçayı az miktarda rendelenmiş sarı soğan, rendelenmiş sarımsak ve rendelenmiş havuçla doldurun. İsterseniz ilave Ponzu Sos ile servis yapın.

## 75.Füme Tofu Nigiri

## İçindekiler

- 1½ fincan (300 g) hazırlanmış Geleneksel Suşi pirinci veya Hızlı ve kolay Mikrodalga Suşi pirinci
- 16 oz. (500 g) paket tofu, paket sıvısı boşaltılmış
- ½ su bardağı (125 ml) Tempura Sos
- Bir adet 4 x 7 inç (10 x 18 cm) yaprak nori
- 4 yemek kaşığı Sushi Pirinç Sosu
- ½ çay kaşığı koyu susam yağı
- ½ çay kaşığı sarımsaklı biber sosu

## Talimatlar

1. Suşi Pirinci ve Tempura Sosunu hazırlayın.
2. Tofuyu düz bir yüzeye birkaç kat kağıt havlu arasına yerleştirin. Üzerine bir kase ve ağır bir konserve eşya yerleştirin. Tofu'nun en az 15 dakika boşalmasına izin verin. Tofuyu beklerken, ıslatmak için suya bir avuç sigara cipsi koyun.
3. Tofuyu küçük bir kaseye koyun ve Tempura Sosunu ekleyin. Kaplamak için

birkaç kez çevirin. Tofuyu yaklaşık 10 dakika marine edin.

4. Dış mekan ızgaranızı ısıtın. Islanmış ağaç yongalarını alüminyum folyoya sarın. Alüminyum folyoyu bir çift çubukla birkaç kez delin. Folyo paketini ızgaraya ekleyin. Sigara içmeye başladığında marine edilmiş tofuyu ızgara raflarına koyun ve ızgara kapağını kapatın. Tofuyu 20 dakika tüttürün. Izgaradan çıkarın ve tamamen soğumaya bırakın.

5. Parmak uçlarınızı suya batırın ve birazını avuçlarınıza sıçratın. Ceviz büyüklüğünde bir top hazır Sushi Rice, yaklaşık 2 yemek kaşığı elinize sıkın ve düzgün bir dikdörtgen pirinç yatağı oluşturun. 9 tane daha pirinç yatağı yapmak için tekrarlayın.

6. Füme tofuyu çapraz olarak $\frac{1}{4}$ inç (6 mm) kalınlığında dilimler halinde dilimleyin. Nori yaprağından çapraz olarak istenen genişlikte 8 şerit kesin. Kalan nori'yi başka bir kullanım için ayırın. Her pirinç yatağını 1 dilim füme tofu ile doldurun.

Dilimleri bir nori şeridi "emniyet kemeri" ile yerine sabitleyin.

7. Servis yapmak için füme suşi parçalarını servis tabağına alın. Suşi Pirinç Sosu, koyu susam yağı ve sarımsaklı biber sosunu küçük bir tabakta karıştırın. Her bir füme tofu parçasının üzerine karışımın bir kısmını fırçalayın.

## 76.Sarımsak Kurutulmuş Tarak Nigiri

## İçindekiler

- ½ fincan (100 g) hazırlanmış Geleneksel Suşi pirinci veya Hızlı ve kolay Mikrodalga Suşi pirinci
- 2 taze deniz tarağı, doğranmış
- ½ çay kaşığı kıyılmış sarımsak
- Bir tutam tuz
- ½ çay kaşığı koyu susam yağı

## Talimatlar

1. Sushi Rice'ı hazırlayın.
2. Parmak uçlarınızı ıslatın ve avuçlarınıza su sıçratın. Sushi Rice'ı 4 pirinç yatağına bölün.
3. Her tarakları çapraz olarak ikiye bölün. Her tarak ortasından kelebek şeklinde kesin. Tüm yolu kesmeyin. Her bir kelebekli tarak, her bir pirinç yatağının üstüne sürün.
4. Sarımsak, bir tutam tuz ve koyu susam yağını küçük bir tabakta karıştırın. Karışımı bir kaşığın arkasıyla her bir tarak yüzeyine cömertçe yayın. Yüzeyi

hafifçe kahverengileştirmek için her tarakları bir pişirme meşalesiyle kızartın. Soya sosu ile servis yapın.

# SUŞİ BÖLÜMLERİ (TEMAKİ)

## 77. Baharatlı Kalamar El Ruloları

## İçindekiler

- 1 su bardağı (200 g) hazırlanmış Geleneksel Suşi pirinci veya Hızlı ve kolay Mikrodalga Suşi pirinci
- 8 ince taze kalamar halkası (2 oz./50 g)
- 4 yemek kaşığı yarım buçuk
- 4 tepeleme yemek kaşığı un
- 2 tepeleme yemek kaşığı Japon ekmek kırıntısı (panko)
- 1 çay kaşığı pirinç furikake
- Bir tutam tuz
- kızartmalık yağ
- 4 yemek kaşığı Tatlı biber sosu artı servis için daha fazlası
- Dört adet 4 x 7 inç (10 x 18 cm) yaprak nori
- 2 çay kaşığı ince rendelenmiş taze zencefil kökü
- ½ avokado, soyulmuş, çekirdekleri çıkarılmış ve 8 dilime kesilmiş
- 4 çay kaşığı susam tohumu, kızarmış
- 4 adet yeşil soğan (yeşil soğan), beyaz kısımları ayıklanmış

**Talimatlar**

1. Suşi Pirinç ve Tatlı Biber Sosunu hazırlayın.
2. Kalamarı, yarısı ve yarısı ile küçük bir kaseye koyun.
3. Un, panko galeta unu, furikake ve bir tutam tuzu küçük bir kapta karıştırın. Kalamarı yarı yarıya çıkarın ve un karışımıyla iyice karıştırın. (Topak gibi görünmelidir.) 1 inç (2,5 cm) yağı bir tavada 350°F (175°C) sıcaklığa ısıtın. Hırpalanmış kalamar, meyilli altın olana kadar yaklaşık 3 dakika kızartın. Birkaç saniye kağıt havluların üzerine boşaltın. Kalamarı orta boy bir kaba aktarın ve Sweet Chili Sos ile karıştırın.
4. 1 yaprak nori'yi pürüzlü tarafı yukarı bakacak şekilde sol avucunuzla hizalayın. Soldaki hazırlanan Sushi Rice'dan 4 yemek kaşığı basın ⅓ nori'den. ½ çay kaşığı taze zencefil kökünü pirincin üzerine sürün.

5. 2 avokado dilimini pirincin ortasına gelecek şekilde sıralayın. Kızarmış kalamar ¼ ile üst. 1 çay kaşığı susam serpin ve bir parça yeşil soğan ekleyin.
6. Norinin sol alt köşesini alın ve pirincin hemen ötesindeki en üst noktaya ulaşana kadar dolguların üzerine katlayın. Ruloyu, tüm nori'ler sarılana kadar sıkı bir koni oluşturarak aşağı doğru yuvarlayın. İstenirse, gevşek kenarı tek bir pirinç tanesiyle sabitleyin.
7. Kalan nori, pirinç ve dolgular ile Talimatları tekrarlayın. İstenirse, ek Tatlı Biber Sosu ile hemen servis yapın.

## 78. Kızarmış Yayın Balığı El Ruloları

## İçindekiler

- 1 su bardağı (200 g) hazırlanmış Geleneksel veya Hızlı ve kolay Mikrodalga Suşi pirinci
- 8 dilim haşlanmış yayın balığı
- 2 çay kaşığı kavrulmuş susam
- Dört adet 4 x 7 inç (10 x 18 cm) yaprak nori
- 4 çay kaşığı Tatlandırılmış Soya Şurubu veya daha fazlası
- 4 çay kaşığı ince rendelenmiş daikon turp
- Bir İngiliz hıyarı veya Japon hıyarı, ekilmiş ve 4 inç (10 cm) uzunluğunda kibrit çöpleri şeklinde kesilmiş

## Talimatlar

1. Suşi Pirinci, Kızarmış Kedi Balığı ve Şekerli Soya Şurubu hazırlayın.
2. Kızarmış Yayın Balığı dilimlerini bir parça alüminyum folyo üzerine koyun ve 30-45 saniye yüksek sıcaklıktaki bir tost makinesinde ısınması için ısıtın. Susam tohumu serpin.

3. 1 yaprak nori'yi sol avucunuzun içinde, pürüzlü tarafı yukarı bakacak şekilde hizalayın. Soldaki hazırlanan Sushi Rice'dan 4 yemek kaşığı basın $1/3$ nori'den.
4. 1 çay kaşığı Tatlandırılmış Soya Şurubu ve 1 çay kaşığı rendelenmiş daikon turpunu pirincin ortasına sürün. 2 adet Izgara Yayın Balığı dilimini pirincin altına sıraya koyun. Üzerine salatalık kibritlerinin $\frac{1}{4}$'ünü yerleştirin.
5. Nori'yi sıkı bir silindire yuvarlayın. Talimatları kalan nori, pirinç ve dolgularla tekrarlayın. Ruloları hemen servis edin.

## 79. Sebze Tempura El Ruloları

## İçindekiler

- 1 su bardağı (200 g) hazırlanmış Geleneksel Suşi pirinci veya Hızlı ve kolay Mikrodalga Suşi pirinci
- Temel Tempura hamuru
- kızartmalık yağ
- 16 adet yeşil fasulye, uçları ve telleri çıkarılmış, beyazlatılmış
- 4 yemek kaşığı patates nişastası veya mısır nişastası (mısır unu)
- Dört adet 4 x 7 inç (10 x 18 cm) yaprak nori
- 4 çay kaşığı kavrulmuş susam
- 4 çay kaşığı ince rendelenmiş daikon turp
- 1 çay kaşığı ince rendelenmiş taze zencefil kökü
- $\frac{1}{4}$ kırmızı dolmalık biber, kibrit çöpü şeklinde doğranmış
- 4 adet yeşil soğan (yeşil soğan), beyaz kısımları ayıklanmış

**Talimatlar**

1. Suşi Pirinci ve Temel Tempura Hamurunu hazırlayın.
2. 1 inç (2,5 cm) yağı bir tavada 350°F'ye (175°C) ısıtın. Yeşil fasulyeleri patates nişastasına batırın ve fazlalığı sallayın. Sıcak yağa eklemeden önce yeşil fasulyeleri Temel Tempura Hamurunda döndürün. (Daha fazla çıtırlık için yeşil fasulyeleri ekledikten sonra yağın üzerine 1 yemek kaşığı Tempura Hamuru dökün.) Hamur altın rengi olana kadar yaklaşık 2 dakika kızartın. Bir tel raf üzerinde boşaltın.
3. 1 yaprak nori'yi pürüzlü tarafı yukarı bakacak şekilde sol avucunuzun üzerine yerleştirin. 4 yemek kaşığı hazırlanmış Sushi Rice sol tarafa basın ⅓ nori'den. 1 çay kaşığı susam tohumunu pilavın üzerine serpin. 1 çay kaşığı daikon turpunu ve $\frac{1}{4}$ çay kaşığı taze zencefil kökünü pirincin üzerine sürün.

4. 4 adet yeşil fasulyeyi pirincin ortasına çift sıra olacak şekilde dizin. Üzerine $\frac{1}{4}$ kırmızı dolmalık biber kibrit çöpü ve 1 parça yeşil soğan koyun.
5. Norinin sol alt köşesini alın ve pirincin hemen ötesindeki en üst noktaya ulaşana kadar dolguların üzerine katlayın. Ruloyu, tüm nori'ler sarılana kadar sıkı bir koni oluşturarak aşağı doğru yuvarlayın. İstenirse, gevşek kenarı tek bir pirinç tanesiyle sabitleyin.

## 80. Çıtır Tavuk Derisi El Ruloları

## İçindekiler

- 1 su bardağı (200 g) hazırlanmış Geleneksel Suşi pirinci veya Hızlı ve kolay Mikrodalga Suşi pirinci
- 6 oz. (175 g) tavuk derisi, iyice durulanır ve kurulanır
- kızartmalık yağ
- tatmak için tuz
- ½ çay kaşığı kırmızı toz biber (togarashi) veya toz kırmızı biber (acı)
- Dört adet 4 x 7 inç (10 x 18 cm) yaprak soya fasulyesi kağıdı
- 4 çay kaşığı Baharatlı Mayonez
- 4 çay kaşığı kapelin karaca (masago)
- 4 çay kaşığı wasabi bezelye, kabaca doğranmış
- 4 çay kaşığı kıyılmış yeşil soğan (yeşil soğan)
- 4 inç (10 cm) uzunluğunda kibrit çöpleri halinde kesilmiş bir havuç
- Bir İngiliz hıyarı veya Japon hıyarı, ekilmiş ve 4 inç (10 cm) uzunluğunda kibrit çöpleri şeklinde kesilmiş

- 1 büyük marul yaprağı, ince şeritler halinde kesilmiş

**Talimatlar**

1. Suşi Pirinç ve Baharatlı Mayonez hazırlayın.
2. Tavuk derisini ince şeritler halinde kesin. $\frac{1}{2}$ inç (1,25 cm) yağı bir tavada 350°F'ye (175°C) ısıtın. Tavuk derisini çok gevrek olana kadar yaklaşık 5 dakika kızartın. Tavuk derisini, tuzu ve kırmızı biber tozunu küçük bir kapta karıştırın.
3. 1 yaprak soya kağıdını sol avucunuzun üzerine yayın. Soldaki 4 yemek kaşığı Sushi Rice'a basın⅓soya kağıdından.
4. 1 çay kaşığı Baharatlı Mayonez'i pirincin ortasına sürün. 1 tatlı kaşığı karacayı pilavın üzerine yayın. 1 çay kaşığı wasabi bezelye ve 1 çay kaşığı yeşil soğan ile katmanlayın. Havuç kibritlerinin $\frac{1}{4}$'ünü, salatalık kibritlerinin $\frac{1}{4}$'ünü ve kesilmiş Romaine'nin $\frac{1}{4}$'ünü ekleyin. Kızarmış tavuk derisinin $\frac{1}{4}$'ünü üstüne koyun.
5. Soya fasulyesi kağıdının sol alt köşesini alın ve pirincin hemen ötesindeki en üst

noktaya ulaşana kadar dolgunun üzerine katlayın. Sıkı bir koni oluşturarak ruloyu aşağı doğru yuvarlayın.

## 81. Sırlı Pastırma El Ruloları

## İçindekiler

- 1 su bardağı (200 g) hazırlanmış Geleneksel Suşi pirinci veya Hızlı ve kolay Mikrodalga Suşi pirinci
- Dört adet 4 x 7 inç (10 x 18 cm) soya kağıdı veya nori
- 8 şerit pastırma, pişmiş
- 1 Roma marul, ince şeritler halinde kesilmiş
- $\frac{1}{2}$ domates, 8 kamaya kesilmiş
- $\frac{1}{4}$ avokado, 4 parçaya bölünmüş
- 4 yemek kaşığı Tatlandırılmış Soya Şurubu veya daha fazlası
- 4 çay kaşığı susam tohumu, kızarmış

## Talimatlar

1. Suşi Pirinç ve Şekerli Soya Şurubu hazırlayın.
2. 1 yaprak soya kağıdını sol avucunuzun üzerine yerleştirin. Soldaki 4 yemek kaşığı Sushi Rice'a basın⅓soya kağıdından.
3. Pirincin ortasına 2 şerit pastırma yerleştirin. Kesilmiş Romaine'nin $\frac{1}{4}$'ü ile üstte. 2 adet domates dilimini ve 1 adet

avokado dilimini ekleyin. 1 yemek kaşığı Tatlandırılmış Soya Şurubu'nu dolguların üzerine gezdirin. 1 çay kaşığı susam serpin.

4. Soya fasulyesi kağıdının sol alt köşesini alın ve pirincin hemen ötesindeki en üst noktaya ulaşana kadar dolguların üzerine katlayın. Ruloyu, tüm soya kağıdı koninin etrafına sarılıncaya kadar sıkı bir koni oluşturarak aşağı doğru yuvarlayın.

5. Talimatları kalan soya kağıdı, pirinç ve dolgularla tekrarlayın. Ruloları hemen servis edin.

## 82. Uskumru Salatalık El Ruloları

## İçindekiler

- 1 su bardağı (200 g) hazırlanmış Geleneksel Suşi pirinci veya Hızlı ve kolay Mikrodalga Suşi pirinci
- 4 yaprak nori, 4 x 7 inç (10 x 18 cm)
- 2 çay kaşığı ince rendelenmiş taze zencefil kökü
- 1 adet hazırlanmış taze uskumru filetosu, yaklaşık 8 dilime bölünmüş
- Bir İngiliz hıyarı veya Japon hıyarı, ekilmiş ve 4 inç (10 cm) uzunluğunda kibrit çöpleri şeklinde kesilmiş
- 4 limon dilimi
- 4 çay kaşığı kıyılmış yeşil soğan (yeşil soğan), sadece yeşil kısımlar

## Talimatlar

1. Sushi Rice'ı hazırlayın.
2. 1 yaprak nori'yi pürüzlü tarafı yukarı bakacak şekilde sol avucunuzla hizalayın. Soldaki 4 yemek kaşığı Sushi Rice'a basın⅓nori'den. Yarım çay kaşığı taze zencefil kökünü pirincin üzerine sürün.
3. ½ çay kaşığı taze zencefil kökünü pirincin üzerine sürün. 2 uskumru dilimini pirincin

ortasına gelecek şekilde sıralayın.
Salatalık kibritlerinin $\frac{1}{4}$'ünü ekleyin.
Dolguların üzerine 1 limon dilimi sıkın ve ardından 1 çay kaşığı yeşil soğan serpin.

4. Norinin sol alt köşesini alın ve pirincin hemen ötesindeki en üst noktaya ulaşana kadar dolguların üzerine katlayın. Ruloyu, tüm nori'ler sarılana kadar sıkı bir koni oluşturarak aşağı doğru yuvarlayın. İstenirse, gevşek kenarı tek bir pirinç tanesiyle sabitleyin.

5. Talimatları kalan nori, pirinç ve dolgularla tekrarlayın. Ruloları isterseniz Ponzu Sos ile hemen servis edin.

### 83. Kale Cips El Ruloları

## İçindekiler

- 1 su bardağı (200 g) hazırlanmış Geleneksel Suşi Pirinci Hızlı ve kolay Mikrodalga Suşi pirinci veya kahverengi Suşi pirinci
- 1 küçük demet lahana, yıkanmış ve kurutulmuş
- 1 yemek kaşığı yemeklik yağ
- ½ çay kaşığı kırmızı toz biber (togarashi)
- Dört adet 4 x 7 inç (10 x 18 cm) yaprak nori
- 2 yemek kaşığı kristalize zencefil, doğranmış
- ½ küçük ekşi yeşil elma, soyulmuş ve kibrit çöpü şeklinde kesilmiş
- 4 inç (10 cm) uzunluğunda kibrit çöpleri halinde kesilmiş bir havuç
- 4 yemek kaşığı Fıstık Sosu veya daha fazlası
- 4 çay kaşığı kıyılmış yeşil soğan (yeşil soğan)

## Talimatlar

1. Suşi Pirinç ve Fıstık Sosunu hazırlayın.

2. Bir fırını 350°F'ye (175°C) ısıtın. Lahanadaki sert sapları ve kaburgaları çıkarın. Lahanayı parşömen kağıdıyla kaplı metal bir fırın tepsisine koyun. Üstüne yağ gezdirin ve iyice karıştırmak için elinizle gezdirin. Karalahananın her iki tarafına kırmızı toz biber (togarashi) ve deniz tuzu serpin. Lahanayı ince bir tabaka halinde yayın ve 12 dakika pişirin, lahana cipslerini yarıya kadar çevirin. Cipsler hafif ve gevrek olmalıdır. Gerekirse, 2-3 dakika daha pişmelerine izin verin.

3. 1 yaprak nori'yi pürüzlü tarafı yukarı bakacak şekilde sol avucunuzla hizalayın. Soldaki hazırlanan Sushi Rice'dan 4 yemek kaşığı basın⅓nori'den. Yarım yemek kaşığı kristalize zencefili pirincin üzerine serpin.

4. Lahana cipslerinin $\frac{1}{4}$'ünü pirincin ortasına yerleştirin. Granny Smith elma kibritlerinin $\frac{1}{4}$'ünü ve havuç kibritlerinin $\frac{1}{4}$'ünü ekleyin. Doldurmaların üzerine 1 yemek kaşığı Fıstık Sosunu veya tadına

göre daha fazlasını dökün. Üzerine 1 çay kaşığı yeşil soğan serpin.

5. Norinin sol alt köşesini alın ve pirincin hemen ötesindeki en üst noktaya ulaşana kadar dolguların üzerine katlayın. Ruloyu, tüm nori'ler sarılana kadar sıkı bir koni oluşturarak aşağı doğru yuvarlayın.

## 84. Arctic Char El Ruloları

### İçindekiler

- 1 su bardağı (200 g) hazırlanmış Geleneksel Suşi pirinci veya Hızlı ve kolay Mikrodalga Suşi pirinci
- 4 yaprak 4 x 7 inç (10 x 18 cm) nori
- 4 çay kaşığı susam tohumu, kızarmış
- 6 oz. (175 g) taze arktik kömür, 8 şerit halinde kesilmiş (veya alternatif olarak somon balığı)
- Bir İngiliz hıyarı veya Japon hıyarı, ekilmiş ve 4 inç (10 cm) uzunluğunda kibrit çöpleri şeklinde kesilmiş
- ¼ avokado, soyulmuş, çekirdekleri çıkarılmış ve 4 parçaya bölünmüş
- 4 limon dilimi
- 4 adet yeşil soğan (yeşil soğan), beyaz kısımları ayıklanmış

### Talimatlar

1. Sushi Rice'ı hazırlayın.
2. 1 yaprak nori'yi, pürüzlü tarafı yukarı bakacak şekilde sol avucunuzun üzerinden hizalayın. Sol tarafta 4 yemek kaşığı hazırlanmış Sushi Rice'a basın⅓nori'den.

1 çay kaşığı susam tohumunu pilavın üzerine serpin.

3. 2 arktik kömür şeridini pirincin ortasından aşağıya doğru bir sıraya koyun. Üstüne ¼ salatalık kibrit çöpü ve 1 avokado dilimi koyun. Dolguların üzerine 1 limon dilimi sıkın ve bir parça yeşil soğan ekleyin.

4. Norinin sol alt köşesini alın ve pirincin hemen ötesindeki en üst noktaya ulaşana kadar dolguların üzerine katlayın. Ruloyu, tüm nori'ler sarılana kadar sıkı bir koni oluşturarak aşağı doğru yuvarlayın. İstenirse, gevşek kenarı tek bir pirinç tanesiyle sabitleyin.

5. Talimatları kalan nori, pirinç ve dolgularla tekrarlayın. Ruloları hemen servis edin.

## 85. Taze Ton Balığı El Böreği

## İçindekiler

- 1 su bardağı (200 g) hazırlanmış Geleneksel Suşi pirinci veya Hızlı ve kolay Mikrodalga Suşi pirinci
- 4 yaprak nori, 4 x 7 inç (10 x 18 cm)
- 2 çay kaşığı ince rendelenmiş taze zencefil kökü
- 6 oz. (175 g) taze ton balığı veya albacore ton balığı, tane boyunca 12 şerit halinde kesilmiş
- Bir İngiliz hıyarı veya Japon hıyarı, ekilmiş ve 4 inç (10 cm) uzunluğunda kibrit çöpleri şeklinde kesilmiş
- 4 adet kireç
- 4 çay kaşığı susam tohumu, kızarmış

## Talimatlar

1. Sushi Rice'ı hazırlayın.
2. 1 yaprak nori'yi pürüzlü tarafı yukarı bakacak şekilde sol avucunuzla hizalayın. Soldaki 4 yemek kaşığı Sushi Rice'a basın⅓nori'den. ½ çay kaşığı taze zencefil kökünü pirincin üzerine sürün.

3. 3 adet taze ton balığı şeridini pirincin ortasına gelecek şekilde sıralayın. Salatalık kibritlerinin $\frac{1}{4}$'ünü ekleyin. Dolguların üzerine 1 limon dilimi sıkın ve üzerine 1 çay kaşığı susam serpin.
4. Norinin sol alt köşesini alın ve pirincin hemen ötesindeki en üst noktaya ulaşana kadar dolguların üzerine katlayın. Ruloyu, tüm nori'ler sarılana kadar sıkı bir koni oluşturarak aşağı doğru yuvarlayın. İstenirse, gevşek kenarı tek bir pirinç tanesiyle sabitleyin.
5. Talimatları kalan nori, pirinç ve dolgularla tekrarlayın. Ruloları hemen servis edin.

## 86. Kimchee, Domates ve Hamsi El Ruloları

### İçindekiler

- 1 su bardağı (200 g) hazırlanmış Geleneksel Suşi pirinci veya Hızlı ve kolay Mikrodalga Suşi pirinci
- 4 yaprak nori, 4 x 7 inç (10 x 18 cm)
- 8-12 küçük konserve hamsi filetosu, herhangi bir konserve sıvısıyla kurulayın
- 4 şerit kimchee veya daha fazlası, iri kıyılmış
- ½ domates, 8 kamaya kesilmiş

### Talimatlar

1. Sushi Rice'ı hazırlayın.
2. 1 yaprak nori'yi pürüzlü tarafı yukarı bakacak şekilde sol avucunuzla hizalayın. Soldaki 4 yemek kaşığı Sushi Rice'a basın⅓nori'den.
3. 2-3 hamsi filetosunu pirincin ortasına gelecek şekilde sıralayın. 1 yemek kaşığı kimchee ekleyin. Diğer dolguların üzerine 2 adet domates dilimini yerleştirin.
4. Norinin sol alt köşesini alın ve pirincin hemen ötesindeki en üst noktaya ulaşana kadar dolguların üzerine katlayın. Ruloyu,

tüm nori'ler sarılana kadar sıkı bir koni oluşturarak aşağı doğru yuvarlayın. İstenirse, gevşek kenarı tek bir pirinç tanesiyle sabitleyin.

5. Kalan nori, pirinç ve dolgular ile Talimatları tekrarlayın. Hemen servis yapın.

## 87. Taze Sebzeli El Böreği

## İçindekiler

- 1 su bardağı (200 g) hazırlanmış Geleneksel Suşi pirinci veya Hızlı ve kolay Mikrodalga Suşi pirinci
- 1 yemek kaşığı miso ezmesi
- 1 çay kaşığı pirinç sirkesi
- 1 çay kaşığı taze portakal suyu
- $\frac{1}{2}$ demet brokoli, buğulanmış
- 4 yaprak nori, 4 x 7 inç (10 cm x 18 cm)
- 1 havuç, (10 cm) uzunluğunda kibrit çöpleri şeklinde kesilmiş
- 4 çay kaşığı kıyılmış yeşil soğan (yeşil soğan), sadece yeşil kısımlar
- 4 çay kaşığı kuru üzüm

## Talimatlar

1. Sushi Rice'ı hazırlayın.
2. Küçük bir kapta miso ezmesi, pirinç sirkesi ve portakal suyunu karıştırın. Brokoliyi küçük parçalara ayırın ve miso karışımına atın.

3. Nori'yi, pürüzlü tarafı yukarı bakacak şekilde sol avucunuzun üzerinden hizalayın. Soldaki hazırlanan Sushi Rice'dan 4 yemek kaşığı basın⅓nori'den.
4. Brokoli parçalarının $\frac{1}{4}$'ünü pirincin ortasına yerleştirin. Havuç kibritlerinin $\frac{1}{4}$'ünü pirincin üzerine dizin. Üzerine 1 çay kaşığı yeşil soğan ve 1 çay kaşığı kuru üzüm serpin.
5. Norinin sol alt köşesini alın ve pirincin hemen ötesindeki en üst noktaya ulaşana kadar dolguların üzerine katlayın. Ruloyu, tüm nori'ler sarılana kadar sıkı bir koni oluşturarak aşağı doğru yuvarlayın. İstenirse, gevşek kenarı tek bir pirinç tanesiyle sabitleyin.
6. Talimatları kalan nori, pirinç ve dolgularla tekrarlayın. Daldırma için ruloları hemen soya sosuyla servis edin.

## 88. Hindistan Cevizi Karides El Ruloları

**İçindekiler**

- 1 su bardağı (200 g) hazırlanmış Geleneksel Suşi pirinci veya Hızlı ve kolay Mikrodalga Suşi pirinci
- 8 büyük taze karides, soyulmuş ve ayıklanmış, kuyrukları çıkarılmış
- 4 yemek kaşığı patates nişastası veya mısır nişastası (mısır unu)
- 1 büyük yumurta 2 yemek kaşığı su
- ½ çay kaşığı tuz
- 1 çay kaşığı pirinç furikake
- 2 tepeleme yemek kaşığı rendelenmiş, şekersiz hindistan cevizi
- 4 tepeleme yemek kaşığı Japon ekmek kırıntısı (panko)
- kızartmalık yağ
- Dört adet 4 x 7 inç (10 x 18 cm) yaprak nori
- 4 çay kaşığı fıstık sosu
- Bir İngiliz hıyarı veya Japon hıyarı, ekilmiş ve 4 inç (10 cm) uzunluğunda kibrit çöpleri şeklinde kesilmiş
- ½ mango, soyulmuş, çekirdekleri çıkarılmış ve kibrit çöpü şeklinde kesilmiş

- 2 çay kaşığı kıyılmış yeşil soğan (yeşil soğan), sadece yeşil kısımlar

**Talimatlar**

1. Suşi Pirinç ve Fıstık Sosunu hazırlayın.
2. Her bir karidesin alt tarafında 2 küçük kesik yapın. Onları ters çevirin ve düzleştirmek ve gerdirmek için sıkıca bastırın. Her bir karidesi patates nişastası veya mısır nişastasında (mısır unu) tarayın ve bir kenara koyun.
3. Yumurta, su, tuz ve furikakeyi (pirinç baharatı) küçük bir kapta karıştırın. Hindistan cevizi ve Japon ekmek kırıntılarını başka bir küçük kapta birleştirin.
4. 1 inç (2,5 cm) yağı bir tavada 350°F'ye (175°C) ısıtın. Her karidesi yumurta karışımına ve ardından kuru hindistan cevizi karışımına batırın. Kızgın yağa ekleyin ve altın rengi olana kadar yaklaşık 2-2 ½ dakika kızartın. Bir tel raf üzerinde boşaltın.
5. 1 yaprak nori'yi sol avucunuzun içinde, pürüzlü tarafı yukarı bakacak şekilde

hizalayın. Sol tarafta 4 çay kaşığı hazırlanmış Sushi Rice'a basın ⅓ nori'den.

6. 1 çay kaşığı Fıstık Sosunu pirincin ortasına sürün. Hazırladığınız karideslerden 2 tanesini pirincin üzerine koyun. Üzerine ¼ salatalık kibrit çöpü, ¼ mango kibrit çöpü ve ½ çay kaşığı yeşil soğan koyun.

7. Norinin sol alt köşesini alın ve pirincin hemen ötesindeki en üst noktaya ulaşana kadar dolguların üzerine katlayın. Ruloyu, tüm nori etrafına sarılıncaya kadar sıkı bir koni oluşturarak aşağı doğru yuvarlayın. İstenirse, gevşek kenarı tek bir pirinç tanesiyle sabitleyin.

## 89.Izgara Tarak El Ruloları

## İçindekiler

- 1 su bardağı (200 g) hazırlanmış Geleneksel Suşi pirinci veya Hızlı ve kolay Mikrodalga Suşi pirinci
- 8 adet taze deniz tarağı, ayıklanmış
- 2 yemek kaşığı kanola yağı
- ¼ çay kaşığı koyu susam yağı
- ½ limon suyu
- tatmak için tuz
- Dört adet 4 x 7 inç (10 x 18 cm) yaprak nori
- 4 çay kaşığı kavrulmuş susam
- 4 çay kaşığı mısır taneleri, pişmiş
- 4 dal taze kişniş (kişniş)
- ¼ kırmızı dolmalık biber, kibrit çöpü şeklinde doğranmış
- Bir İngiliz hıyarı veya Japon hıyarı, ekilmiş ve 4 inç (10 cm) kibrit çöpü şeklinde kesilmiş

## Talimatlar

1. Sushi Rice'ı hazırlayın.
2. Deniz taraklarını kurulayın. Kanola yağı, susam yağı ve limon suyunu küçük bir kapta karıştırın. Tarakları ekleyin ve eşit

şekilde kaplamak için karıştırın.

Tarakların üzerine tuzu serpin. Bir ızgarayı yükseğe ısıtın ve tarakları her iki tarafta 1 dakika olacak şekilde ızgara yapın. Her tarakları ikiye kesmeden önce soğutun.

3. Nori'yi, pürüzlü tarafı yukarı bakacak şekilde sol avucunuzun üzerinden hizalayın. Soldaki hazırlanan Sushi Rice'dan 4 yemek kaşığı basın⅓nori'den. 1 çay kaşığı susam tohumunu pilavın üzerine serpin.

4. 4 tarak yarısını pirincin ortasına yerleştirin. 1 çay kaşığı mısır tanelerini pirincin ortasına dökün. 1 taze kişniş sapı ekleyin, ardından ¼ kırmızı dolmalık biber kibritini ve ¼ salatalık kibritini ekleyin.

5. Norinin sol alt köşesini alın ve pirincin hemen ötesindeki en üst noktaya ulaşana kadar dolguların üzerine katlayın. Ruloyu, tüm nori'ler sarılana kadar sıkı bir koni oluşturarak aşağı doğru yuvarlayın.

# SASHIMI

## 90. tarak carpaccio

### İçindekiler

- 1 küçük patates, soyulmuş
- kızartmalık yağ
- 1 çay kaşığı tuz
- 1 çay kaşığı furikake
- 8 büyük, taze deniz tarağı, sıkılmış
- 2 Mandalina, soyulmuş, özü çıkarılmış ve parçalara ayrılmış
- 4 çay kaşığı kıyılmış yeşil soğan (yeşil soğan), sadece yeşil kısımlar
- 4 yemek kaşığı tuzsuz tereyağı, eritilmiş ve sıcak tutulmuş
- 4 yemek kaşığı Ponzu Sos

### Talimatlar

1. Küçük bir kaseye dilimlenmiş arpacık soğanları koyun ve 1/2 çay kaşığı tuz serpin. Sirke ekleyin ve arpacıkları su altında tutarak hafifçe karıştırın. 30 dakika oda sıcaklığında bırakın. (1 veya 2 gün önceden yapılıp buzdolabında saklanabilir.) Kalan sirke, salata sosu gibi başka bir kullanım için ayrılabilir.
2. Keskin bir bıçakla, her bir tarakları çapraz olarak çok ince dilimler halinde

kesin. Dilimleri altı soğutulmuş tabak arasında dağıtın ve dairesel bir düzende düz bir şekilde yerleştirin. Her tabağın üzerine ikiye bölünmüş kiraz domatesleri yerleştirin. Tarak ve domatesleri tuz, biraz pepperoncino, birkaç kapari ve biraz arpacık soğanı ile serpin.

3. Yırtık veya dilimlenmiş fesleğen yaprakları ve birkaç küçük fesleğen yaprağı ile süsleyin. Her tabağa bir miktar limon suyu ve bolca zeytinyağı gezdirin. Hemen servis yapın.

## 91. Tatlı Karides Sashimi

## İçindekiler

- Karidesler (ama ebi) veya dondurulmuş ve çözülmüş, başları bozulmamış
- ½ su bardağı (60 gr) patates nişastası veya mısır nişastası (mısır unu)
- ½ çay kaşığı kırmızı toz biber (togarashi) veya toz kırmızı biber (acı)
- kızartmalık yağ
- 1 çay kaşığı tuz
- 1 yemek kaşığı koyu susam yağı
- 1 yemek kaşığı taze limon suyu
- 1 yemek kaşığı soya sosu
- 4 çay kaşığı siyah uçan balık yumurtası (tobiko)
- 4 yeşil soğan (yeşil soğan), sadece yeşil kısımlar
- 4 bıldırcın yumurtası
- 2 çay kaşığı wasabi ezmesi

## Talimatlar

1. Somon balığı, parça yengeç eti ve beyaz ton balığını ayrı, küçük, metal olmayan kaselere koyun. Orta boy bir kapta tatlı soğan, yeşil soğan, soya sosu, susam yağı, taze zencefil kökü ve

ogoyu karıştırın. Karışımı 3 kase deniz ürünü arasında paylaştırın.

2. Somon poké için bir tutam deniz tuzu ve 1 tatlı kaşığı kavrulmuş susam ekleyin. Yengeç poké için, doğranmış domatesi karışıma karıştırın. Beyaz ton balığı poké için 2 çay kaşığı macadamia fıstığını kaseye karıştırın. Her poke'yi örtün ve en az 1 saat soğutun. İstenirse, soğutulmuş her pokeyi pirinç krakerleriyle servis edin.

-

## 92. poke üçlüsü

## İçindekiler

- 6 oz. (175 gr) taze somon, doğranmış
- 6 oz. (175 g) parça yengeç eti
- 6 oz. (175 g) taze beyaz ton balığı, doğranmış
- ¼ büyük tatlı soğan, kıyılmış
- 3 yemek kaşığı kıyılmış, yeşil soğan (yeşil soğan), sadece yeşil kısımlar
- 4 yemek kaşığı soya sosu
- 2 çay kaşığı susam yağı
- 2 çay kaşığı kıyılmış taze zencefil kökü
- ½ su bardağı (25 gr) ogo, doğranmış
- Bir tutam deniz tuzu
- 1 çay kaşığı kavrulmuş susam
- 1 küçük domates, doğranmış
- 2 çay kaşığı tost macadamia fıstığı, kabaca doğranmış
- Servis için isteğe bağlı pirinç krakerleri

## Talimatlar

3. Somon balığı, parça yengeç eti ve beyaz ton balığını ayrı, küçük, metal

olmayan kaselere koyun. Orta boy bir kapta tatlı soğan, yeşil soğan, soya sosu, susam yağı, taze zencefil kökü ve ogoyu karıştırın. Karışımı 3 kase deniz ürünü arasında paylaştırın.

4. Somon poké için bir tutam deniz tuzu ve 1 tatlı kaşığı kavrulmuş susam ekleyin. Yengeç poké için, doğranmış domatesi karışıma karıştırın. Beyaz ton balığı poké için 2 çay kaşığı macadamia fıstığını kaseye karıştırın. Her poke'yi örtün ve en az 1 saat soğutun. İstenirse, soğutulmuş her pokeyi pirinç krakerleriyle servis edin.

## 93.Limonlu ve Matcha Tuzlu Halibut

## İçindekiler

- 8 oz. (225 g) taze halibut, köşeli birkaç dilime kesilmiş
- 1 limon
- 3 çay kaşığı kaba deniz tuzu
- ½ çay kaşığı yeşil çay tozu (Matcha)

## Talimatlar

1. Pilav dilimlerini servis tabağına dizin. (Çanak yuvarlaksa, dilimleri daire şeklinde yerleştirin. Dikdörtgen veya dikdörtgen bir tabak için dilimleri ortada aşağı gelecek şekilde yerleştirin.) Limonu çapraz olarak ikiye bölün ve limonun yarıya inmesi için uçlarından yeterince kesin. düz ayarlayın. Yarım limonları dizin ve servis tabağına alın.
2. Deniz tuzu ve yeşil çay tozunu küçük bir tabakta karıştırın. Yeşil çay tuzunu servis tabağındaki bir höyüğün içine koyun veya küçük bir tabağa koyun ve kenarda sunmak için. Sashimi'ye servis

yapmak için yarım limonları halibutun üzerine sıkın. Yeşil çay tuzunu tatmak için parçaların üzerine serpin.

## 94. Dana Tataki Tabağı

İçindekiler

- 450 gr fileto biftek, orta kesim
- 1 yemek kaşığı susam yağı
- Taze öğütülmüş karabiber

Marinade için:

- 3 yemek kaşığı hafif soya sosu
- Öğütülmüş karabiber
- 2 yemek kaşığı Japon mirin (pirinç şarabı) veya kuru şeri
- 2 adet taze soğan, ince dilimlenmiş,
- 1 büyük sarımsak karanfil, soyulmuş ve ince doğranmış
- 1 x 1,25 cm parça taze kök zencefil, soyulmuş ve ince doğranmış
- Süslemek için mikro salata yaprakları

Ponzu Tarzı Giyinme İçin:

- 2 yemek kaşığı limon suyu
- 4 yemek kaşığı pirinç şarabı sirkesi
- 4 yemek kaşığı mirin
- 4 yemek kaşığı hafif soya sosu
- 1 yemek kaşığı susam yağı

**Sebzeler için**

- 1 küçük mooli (veya daikon turp, daha büyük süpermarketlerde bulunur), soyulmuş ve küçük şeritler halinde kesilmiş
- 1 büyük havuç, soyulmuş ve küçük şeritler veya kibrit çöpleri halinde kesilmiş
- 1 salatalık, çekirdekleri çıkarılmış ve küçük şeritler veya kibrit çöpleri halinde kesilmiş

**Talimatlar**

1. Yapışmaz büyük bir kızartma tavasını sıcak olana kadar ısıtın.
2. Sığır eti büyük bir kaseye koyun, yağı ekleyin, biberle baharatlayın ve kaplayın.
3. Sığır eti tavada kızartmak için (sığır eti ortada çok az olmalıdır). Soğuması için geniş bir tabağa aktarın.
4. Büyük bir plastik gıda torbasında marine malzemelerini birleştirin. Sığır eti ekleyin, kapatın ve 4 saate

kadar veya zaman izin verirse gece boyunca buzdolabında soğutun.

5. Küçük bir kapta sos malzemelerini birlikte çırpın. Örtün ve bir kenara koyun. Orta boy bir kapta sebzeleri birlikte karıştırın.

6. Sığır eti tahıl boyunca ince dilimleyin. Dilimleri geniş bir tabağa koyun ve ponzu tarzı sosun yarısını gezdirin. Mikro yaprakların üzerine hafifçe dağıtın ve daha fazla sostan gezdirin. Kalanları sebzelerin üzerine dökün ve dana eti ile servis yapın.

## 95. Jalapeno Granita ile Tuna Sashimi

## İçindekiler

### jalapeno granita

- 1 su bardağı (250ml) su
- ⅔su bardağı (125 gr) şeker
- 1 jalapeno biberi
- 1 çay kaşığı kıyılmış taze zencefil kökü
- 2 büyük shiso yaprağı
- 12 oz. (350 g) blok taze beyaz ton balığı veya sarı yüzgeçli ton balığı
- 1 limon, çok ince dilimler halinde dilimlenmiş

### Talimatlar

1. Granitayı hazırlamak için suyu küçük bir sos tenceresinde kaynatın. Şekeri ekleyin ve sadece eriyene kadar karıştırın. Bir karıştırıcıya dökmeden önce karışımı biraz soğumaya bırakın. Jalapeno'yu kaba parçalar halinde kesin ve karıştırıcıya ekleyin. Zencefil kökü ve 2 şiso yaprağını atın. Karışım köpürene kadar karıştırın. İnce gözenekli bir süzgeçten süzün ve işiniz

bittiğinde katıları atın. Sıvıyı sığ, metal bir tavaya dökün ve katılaşana kadar dondurucuya koyun.
2. Beyaz orkinosun dışını bir el feneri ile veya orta derecede yüksek ısıda bir tavada kızartın (sarı yüzgeç kullanıyorsanız kızarmayın). Hafifçe soğutun, ardından ton balığını yaklaşık $\frac{1}{4}$ inç (6 mm) kalınlığında dilimler halinde kesin.
3. Servis yapmak için Jalapeño Granita'yı dondurucudan çıkarın. Donmuş kütleyi kazımak veya ufalamak için bir çatal kullanın. Bir martini bardağına birkaç yemek kaşığı granita dökün. 4 dilim kurutulmuş ton balığını ortalarına limon dilimi yerleştirerek granitanın üzerine yerleştirin.

## 96. kavun sashimi

## İçindekiler

- ½ libre (250 g) çeşitli kavun, ½ inç (1,25 cm) küpler halinde kesilmiş
- ½ su bardağı (125 ml) sake
- ½ çay kaşığı wasabi tozu
- 4 yemek kaşığı Tatlandırılmış Soya Şurubu
- 1 su bardağı (50 gr) daikon filizi (kaiware), isteğe göre isteğe bağlı deniz tuzu

## Talimatlar

1. Kavun küplerini küçük bir kaseye koyun. Sake ve wasabi tozunu başka bir kapta çırpın. Karışımı kavun küplerinin üzerine dökün ve kavunları 10 dakika bekletin. Sıvıyı kavunlardan boşaltın.
2. Sashimi servis etmek için 4 küçük servis tabağı toplayın. Küçük bir pasta fırçasını Tatlandırılmış Soya Şurubu'na batırın ve her servis tabağına bir vuruş sos sürün. Kalan

servis tabakları için bunu tekrarlayın. Kavun küplerini 4 parçaya bölün ve birkaç kavun küpünü Tatlandırılmış Soya Şurubu üzerine yerleştirin. Kavun küplerinin üzerini daikon filizi ile doldurun, kullanıyorsanız her tabağın üzerine Deniz tuzu serpin ve hemen servis yapın.

## 97. Tilapia ve Karides Ceviche Sashimi

**İçindekiler**

- 8 oz. (250 g) küçük küpler halinde doğranmış taze tilapia veya diğer beyaz balık filetosu
- 8 oz. (250 gr) pişmiş karides, kuyrukları alınmış, küçük parçalar halinde kesilmiş
- 4 yemek kaşığı Sushi Pirinç Sosu
- 1 su bardağı (250 gr) minik küp doğranmış ananas
- 1 misket limonunun suyu
- 1 küçük jalapeno biberi, çekirdekleri çıkarılmış, ince doğranmış
- ½ çay kaşığı kıyılmış sarımsak
- ¼ küçük kırmızı dolmalık biber, küçük küpler
- 4 çay kaşığı kıyılmış yeşil soğan (yeşil soğan), sadece yeşil kısımlar
- 4 dal taze kişniş yaprağı (kişniş), doğranmış
- Muz cipsleri, servis için

**Talimatlar**

1. Tilapia ve karidesi orta boy metal olmayan bir kapta birleştirin. Kalan malzemeleri ekleyin ve iyice karıştırın. Servis yapmadan önce en az 1 saat soğutun. Servis yapmak için, yenilebilir kaşık olarak kullanmak üzere yan tarafta muz cipsleri sunun.

## 98. Heirloom Domates Sashimi

## İçindekiler

- 4 yemek kaşığı pirinç sirkesi
- 1 çay kaşığı şeker
- 3 büyük yadigarı domates
- 1 limon, ikiye kesilmiş
- 1 su bardağı (50 gr) kıyılmış daikon, isteğe bağlı
- 2 çay kaşığı deniz tuzu
- $\frac{1}{4}$ çay kaşığı yeşil çay tozu (matcha)

## Talimatlar

2. Pirinç sirkesini ve şekeri küçük bir tencerede karıştırın. Neredeyse kaynama noktasına getirin ve daha sonra kaynamayı sürdürmek için ısıyı azaltın. Sıvı yarı yarıya azalana kadar pişirin, yaklaşık 2 dakika. Isıdan çıkarın ve tamamen soğutun.
3. Domatesleri çekirdekleyin ve ardından $\frac{1}{4}$ inç (6 mm) dilimler halinde kesin. Domatesleri 2 servis tabağına paylaştırın. Azaltılmış sirkeyi domateslerin üzerine gezdirin. Her

tabağın yanına 1 limonun yarısını koyun. Kullanıyorsanız daikon'un ½ yarısını her bir plakanın üzerine yerleştirin. Deniz tuzu ve yeşil çay tozunu birleştirin. İki küçük tabak arasında bölün. Zevk için limonu domateslerin üzerine sıkın. Yeşil çay aromalı tuzu ile tatmak için serpin.

## 99. Kağıt İnce Tilapia Sashimi

### İçindekiler

- 8 oz. (250 g) taze tilapia veya diğer beyaz balık filetosu
- Yaklaşık 15 küçük Tay fesleğen yaprağı
- $\frac{1}{2}$ İngiliz salatalığı (Japon salatalığı), rendelenmiş
- $\frac{1}{2}$ su bardağı (125 ml) Ejderha Suyu
- Süslemek için limon dilimleri

### Talimatlar

1. Tilapiyi çok ince dilimler halinde kesin. Açılı Kesim Yönergelerini kullanarak. Her bir tilapia diliminin alt tarafına 1 Tay fesleğen yaprağı yerleştirin. Tilapia dilimlerini desenli bir servis tabağına dizin. (Desen balığın içinden görünmelidir.)
2. Küçük bir kapta rendelenmiş salatalık ve Dragon Juice'ın $\frac{1}{2}$'sini karıştırın. Salatalıkları sashimi'nin ortasına koyun. Kalan sosu tilapianın üzerine dökün. Çanağı limon dilimleriyle

süsleyin. İstenirse, daldırma için soya sosuyla servis yapın.

100. Ton balığı ve Avokado Tartar

## İçindekiler

- 8 oz. (250 gr) taze ahi ton balığı, doğranmış
- 2 çay kaşığı kıyılmış yeşil soğan (yeşil soğan), sadece yeşil kısımlar
- $\frac{1}{2}$ çay kaşığı koyu susam yağı
- 4 yemek kaşığı Ponzu Sos
- 1 büyük limon dilimi
- $\frac{1}{2}$ avokado, soyulmuş, çekirdekleri çıkarılmış ve küçük küpler halinde kesilmiş
- Bir tutam tuz
- İnce şeritler halinde kesilmiş 1 büyük shiso (perilla) yaprağı veya fesleğen yaprağı
- $\frac{1}{2}$ İngiliz salatalığı (Japon salatalığı), $\frac{1}{4}$ inç (6 mm) dilimler halinde kesilmiş

## Talimatlar

1. Ton balığını metal olmayan küçük bir kaseye koyun. Yeşil soğanları, koyu susam yağını ve Ponzu Sosunu ekleyin. Malzemeleri iyice karıştırın. Başka bir

küçük kapta, limon dilimlerini avokado küplerinin üzerine sıkın. Bir tutam tuz ve kesilmiş shiso ekleyin. İyice karıştırın.

2. 4 inç (10 cm) kare kalıbı servis tabağına yerleştirin. Ton balığı karışımının $\frac{1}{2}$'sini kalıba, ardından $\frac{1}{2}$'sini avokado karışımının içine bastırın. Katmanları tekrarlayın ve tartarı dikkatlice çıkarın. Tartar'ı salatalık dilimleriyle birlikte servis edin.

## ÇÖZÜM

Geleneksel Amerikan suşi rulolarını veya daha otantik sashimi ve nigiri'yi seviyor olsanız da, suşi yemek her zaman lezzetli ve keyifli bir deneyimdir. Ancak, hayatınızda çok fazla suşi yemediyseniz, suşi yerken ne yapmanız gerektiği konusunda kafanız karışabilir ve gergin olabilir ve onu nasıl düzgün bir şekilde yiyeceğinizden emin olamayabilirsiniz.

Yani suşi bağımlısı olmaya hazırsanız, bu tarifler başlamak için harika bir yer olacak!

www.ingramcontent.com/pod-product-compliance
Lightning Source LLC
Chambersburg PA
CBHW071555080526
44588CB00010B/917